江戸のお勘定

大石　学 監修

MdN新書
026

はじめに

かつての時代小説は、剣豪や武者修行中の若者がヒーローであったが、現在は、商人や料理人など市井《しせい》に暮らす様々な職業の人が主人公のものを多く見かける。テレビドラマや映画、舞台になっている作品もあるようだ。こうした作品を愛読している方がこの本を手に取ってくださったのだろうか。

いやいや、日曜日の夜、ビール片手に大河ドラマを見るのが楽しみで、ネットの見放題サービスに入り往年のスターたちがヒーローを演じる時代劇を見ているというような方だろうか。

それとも落語の愛好者で、江戸時代に興味があるという方だろうか。

この本を読んで、あの人が住んでいる裏長屋の家賃はそんなに安かったのかとか、そんな高い値段なのに初ガツオを食べるのかと思っていただければと思い、執筆した。江戸の庶民は貧しいながらも、金がないなりに生活を楽しんでいたようだ。

さて、「時そば」をはじめ、江戸のお金にまつわる話は落語ネタも多い。見世物の原稿を書いている時、八代目林家正蔵のまくらに登場する「板に血がついた大イタチ」や「目が三つに歯が二本の化け物という下駄」も本当にあった出し物だったことを知った。読者の皆さんにもそんな発見があれば、幸いである。

一日に三食食べることや、相撲《すもう》興行、歌舞伎などこの時代に始まったことも多い。メイド喫茶の先祖というべきものが登場し、珍しい金魚が生み出されて高額で取引されていたが、現在でも金魚とめだかという違いこそあれ、やはり次々と新しい品種が登場し「これ、本当にめだかの値段ですか」という価格で取引されている。こうした事柄を見ていると遠い過去というよりも、今の私たちの生活とどこか地続きの少し昔の時代というのが、江戸という時代なのかもしれない。

江戸のお勘定——目次

はじめに　3

序章　江戸時代のお金

〈一〉江戸のお金の基本のき　14
〈二〉武士の収入　22
〈三〉庶民の収入　26

第一章　江戸のお勘定【生活篇】

〈一〉江戸での生活　32
〈二〉家賃⬇一カ月二万四千円　今よりも格段に安かった家賃　34
〈三〉水道代⬇月三百三十円　庶民は家賃の中に含まれる　38
〈四〉湯屋⬇大人三百円　低料金で楽しめる男の社交場　40
〈五〉髪結⬇一梳七百二十円　おしゃれはまず清潔な髪から　42
〈六〉燃料⬇一俵一万二千円　使う分だけの量り売り　44

〈七〉飛脚⬇一時早着二万円　早い到着なら上乗せ分あり――46
〈八〉駕籠⬇「日本橋～新吉原」間一万五千円　庶民には手が届かない乗りもの――48
〈九〉按摩⬇全身千四百四十円　手軽な料金で施術可能――50
〈十〉歯磨き粉・房楊枝⬇一袋百八十円　スターの白い歯はいつの時代も憧れ――52
〈十一〉おしろい・紅⬇一袋千五百円　きれいになるには金も手間も惜しまない――54
〈十二〉着物⬇浴衣一枚三万二千四百九十円　高値の着物に幕府が触書を出す――56
〈十三〉売薬⬇「反魂丹」二千百円　安価で庶民の強い味方――58
〈十四〉寺子屋⬇入学金七千五百円　授業料はケースバイケース――60
〈十五〉臨時の奉公人⬇一人三千円　家禄に応じて奉公人の人数が決まる――62

第二章　江戸のお勘定【食事篇】

〈一〉江戸の食料事情――66
〈二〉米⬇一升四合三千円　飢饉の時には米価が高騰――68
〈三〉そば⬇一杯四百八十円　二八そばはお代から？――70
〈四〉すし⬇一つ百二十円　二つ三つをつまむのが粋――72

〈五〉ウナギ⬇丼一杯六千円　江戸で生まれたうな丼 74
〈六〉てんぷら⬇一串百二十円　手軽に食べられた江戸のスナック 76
〈七〉カツオ⬇一本七千五百円　高いのは初物とされる一時期だけ 78
〈八〉マグロ⬇半身二千四百円　安くしても売れずに捨てられる 80
〈九〉豆腐・納豆⬇一丁千八百円　半分や四分の一でも購入可能 82
〈十〉獣肉⬇小鍋千五百円　薬食いとしてこっそり食べる 84
〈十一〉居酒屋⬇田楽一本六十円　酒屋の立ち飲みから始まる 86
〈十二〉酒⬇一升三千九百六十円　今の酒は江戸時代に誕生した 88
〈十三〉枝豆⬇一回分九百円　生活に困った人が売り子 90
〈十四〉卵⬇一個六百円　ゆで卵は吉原でよく売れた 92
〈十五〉冷や水⬇一杯百二十円　しゃれた器で見た目も涼しく 94
〈十六〉焼き芋⬇一貫目三百円　安価で腹持ちの良さが人気の秘密 96
〈十七〉団子⬇一串百二十円　一粒一文に実質値上げ 98
〈十八〉白砂糖⬇一斤八千円　贅沢品から庶民の味へ 100
〈十九〉ところてん⬇一つ六十円　今も昔も夏の人気食品 102
〈二十〉甘酒⬇一杯二百四十円　手軽に楽しめた健康飲料 104

〈二十一〉薬湯➡一包千四百四十円　暑気払いや日射病防止に人気　106
〈二十二〉料理切手➡一枚六百万円　人気店の人気商品が手に入る　108

第三章　江戸のお勘定【娯楽篇】

〈一〉江戸の遊興　112
〈二〉居合抜き➡無料　芸で集客し、商品を販売　114
〈三〉見世物小屋➡一回二百四十円　ハレの場を演出する大がかりな装置　116
〈四〉芝居➡土間一升五万円　一日がかりで大散財　118
〈五〉寄席➡木戸銭四百八十円　安価で楽しめる娯楽の殿堂　120
〈六〉相撲➡一人六千円　寺社の寄進のためという名目で開催　122
〈七〉子どもの絵本➡一冊百二十円　お年玉として人気　124
〈八〉瓦版➡一枚百二十円　実演付きで販売　126
〈九〉浮世絵➡一枚四百八十円　気軽に買えるアート　128
〈十〉貸本屋➡見料七百二十円　読みたい本をレンタルした　130
〈十一〉富札➡一枚七千五百円　高額のため数人で一枚を購入　132

〈十二〉朝顔・万年青➡一鉢一億二千万円　過熱しすぎて高額取引禁止――134
〈十三〉虫売り➡一匹二百四十円　自宅でも虫の鳴き声を楽しむ――136
〈十四〉花魁遊び➡揚げ代十八万円　場合によっては百両以上もかかった――138
〈十五〉岡場所遊び➡揚げ代三千円　江戸四宿がおとなの特選街――140

第四章　江戸のお勘定【意外篇】

〈一〉地位を金で買う――144
〈二〉就活➡一式二百四十万円　就職は身だしなみから――146
〈三〉商売の株➡一株三千六百万円　新規参入のためには絶対必要――148
〈四〉武士の身分➡同心株千六百二十万円　金を払えば武士になれる――150
〈五〉不倫の対価➡内済金九十万円　江戸よりも大坂の方が安かった示談金――152
〈六〉牢屋での小遣い➡六千円　金次第で待遇が変わる――154
〈七〉菓子屋の名前➡最安の官位三十六万円　名前と味は関係がない――156
〈八〉座頭の地位➡三万円　大儲けして旗本株を買った盲人も現われた――158
〈九〉元祖会いに行けるアイドル➡一杯百八十円　お茶の代金は安いが……――160

〈十〉伊勢神宮での祈禱⬇一回二千四百万円　天にも昇る夢心地 162
〈十一〉排泄物⬇長屋年間三十六万円　高額で取引された吉原もの 164

第五章　江戸のお勘定【再生篇】

〈一〉江戸のリサイクル 168
〈二〉質屋の利息⬇三千円につき百二十円　身の回りのものを担保に融資 170
〈三〉献残屋⬇御馬代百二十万円　贈答品を買い取って販売 172
〈四〉古着屋⬇一着三千円　誰もが利用した「お古」 174
〈五〉古紙回収⬇浅草紙百枚三千円　使用した紙を回収し再利用 176
〈六〉古傘買い⬇一本百二十円　買取して再度販売 178
〈七〉ろうそく⬇一本六千円　燃えカスも上手に利用 180
〈八〉鋳掛・焼継ぎ⬇鉄瓶九千円　捨てずに使う「もったいない」の心 182
〈九〉雪駄・下駄直し⬇二足九十円　求めに応じてその場で修理 184
おわりに 186

参考文献 189

コラム

武士がつけた家計のやりくり 64
砂糖の国産化 110
大人の習い事 142
お金の値段 166

はじめに／本文執筆：加唐亜紀
カバーイラスト：吉田 健
本文校正：石井三夫
図版作成：近藤 勲

序章　江戸時代のお金

〈一〉江戸のお金の基本のき

大量の金貨を発行する

江戸時代の通貨単位は何だろうか。両？　確かに小判一枚を一両としていたが、両は本来、砂鉄の重さの単位で、奈良時代の法典「大宝律令《たいほうりつりょう》」では、中国隋《ずい》の一両に準じて十一・二匁《もんめ》（現在の四十二グラム）とした。しかし、時代が下るにつれて目方がどんどん少なくなっていった。

慶長《けいちょう》五年（一六〇〇）の関ヶ原の戦いに勝利した徳川家康は、貨幣制度の統一に乗り出した。地域によって通貨がまちまちだと、全国支配に様々な支障が生じるからである。幕府は、江戸に金座と銀座を設けて、翌慶長六年に、慶長小判《こばん》と丁銀《ちょうぎん》を発行した。金貨と銀貨を同時に発行したのは、東日本では金貨が、西日本や日本海側では銀貨がおもに使用されていたからである。

言うまでもなく、東京都中央区の銀座は、ここに銀座があったことに由来する地名だ。一方、金座跡は現在の日本銀行本店である。

慶長小判一枚の重さは、十七・八五グラムで、およそ十六・二八グラムの金を含む。つまり、金無垢《むく》（純金＝二十四金）ではなかった。慶長小判は千四百七十二万七千五十五両、千四百七十二万七千五十五枚、発行された。小判のほか、贈答用に使用された慶長大判が、一万六千五百六十五枚、発行されている。大判一枚には百十四グラムの金が含まれていた。

このほか、二分《ぶ》、一分、二朱《しゅ》、一朱の金貨も発行されている。単位は、四分で一両。四朱で一分になる。貨幣の計算に四進法を使ったのは、武田信玄が流通させた甲州金の制度を採用したからとされる。

慶長小判（日本銀行貨幣博物館蔵）

大判、小判に加えて二分金貨、一分金貨、二朱金貨、一朱金貨と合わせて、この時、二百五十トン以上の金を使用したと考えられている。大航海時代、イタリア商人のマルコ・ポーロに「黄金の国」と紹介された日本は、まさにその名にふさわしい国であった。

西国の銀づかい

丁銀《ちょうぎん》は、室町《むろまち》時代後期から西国で使用されていた海鼠《なまこ》形の貨幣である。賞賜《しょうし》用の銀一枚が四十三匁（約百六十一グラム）だったため、丁銀も四十三匁としてはいたものの、これが正確ではなかったため、取引ごとに計量し、不足がある場合は、豆板銀《まめいたぎん》という小さな粒状の銀貨をあわせ一両相当にして、信用のある両替商が紙に包んで封印書きをし、一両として流通させた。

さて、銀何匁で金貨一両になるかといえば、実は、固定されたレートがなかった。すなわち、常に計量しなければならず、幕府は明和《めいわ》二年（一七六五）に五匁銀を発行。五匁銀十二枚、銀六十匁で一両にしようとしたが、当時のレートは一両六十三匁であったため、両替商などの反発を受けて五匁銀は、三年後に回収という結果に終わった。

慶長丁銀と豆板銀（日本銀行貨幣博物館蔵）

こうした東西での使用貨幣の違いは、金は甲州（山梨県）や佐渡（新潟県）など東国で取れたのに対し、銀は西国で生産されていたことが大きいようだ。西国を代表する銀山の一つ石見銀山《いわみぎんざん》（島根県大田市）は、世界遺産に登録されたことでも有名だが、十六世紀に開発が始まり、戦国時代にはここをめぐって大内氏や尼子《あまご》氏、毛利氏などの間で争奪戦が起こるほど銀が大量に採掘された。

最初は輸入していた銭

小判は今の感覚でいうと、（存在しないが）十万円札のようなもの。庶民が小判を使用しようとすれば、出所を根掘り葉掘り聞かれ、下手《へた》をすれば役所に通報されてしまう。そこで庶民には、ふだん使いの少額貨幣が必要となる。それが銭《ぜに》だ。

銭は、中国の明《みん》時代に鋳造された銅銭「永楽通宝《えいらくつうほう》」を室町時代に輸入して流通させていた。国産の銭もあったが、粗悪品が多く、「鐚銭《びたせん》」と呼ばれていた。江戸時代になっても、永楽通宝は通貨として使用され、鐚銭四枚で永楽通宝一枚とした。

寛永《かんえい》十三年（一六三六）に江戸の橋場《はしば》（台東区）と近江《おうみ》の坂本（滋賀県大津市）に銭座を設置し、「寛永通宝」を鋳造すると、永楽通宝と同様の価値で流通させた。

この銭だが、不足するうえ、明暦《めいれき》三年（一六五七）の大火で多くが失われてしまった。そのため、水戸藩、仙台藩、松本藩、三河《みかわ》吉田藩（愛知県豊橋市）、岡山藩、長州藩（山口県）

と各藩に追加の許可を与え、銭を鋳造させた。

こうして幕府の通貨は、金貨、銀貨、銭の三種類となる。銀貨や銭は市場相場で変動するため、元禄《げんろく》十三年（一七〇〇）には金一両＝銀六十匁＝銭五千文と公定相場を示したが、なかなか守られなかった。

百文の銭さし（日本銀行貨幣博物館蔵）

なお、ばらばらで持ち運ぶのに不便なため、銭の中央に空いた穴に紐《ひも》を通してまとめたものが、一束百文の「銭さし」として流通していた。百文だから銭が百枚あると思いがちだが、実際には九十六枚しかなかった。四文は両替屋の手数料との説がある。

相次ぐ貨幣の改鋳

初代将軍徳川家康は、二百五十トン以上の金を使って大量の金貨を作ったうえに銀貨や銭も準備したが、五代将軍綱吉《つなよし》の時代には、家康の廟《びょう》がある日光（栃木県）へ参詣費用が捻出《ねんしゅつ》できないほどの財政難に陥っていた。歴代将軍の浪費もあったが、実は、オランダや明《みん》との貿易によって、最初は銀貨、のちに金貨が国外に出て行ったからである。四代家綱《いえつな》の治世、慶安《けいあん》元年（一六四八）～寛文《かんぶん》七年（一六六七）の約二十年の間に銀貨二十八万千貫《がん》（五億六千二百万円）が海外へ流出した。寛文年間（一六六一～七三）、金貨五十三万七千両余（六百四十四億四千万円）が、オランダとの貿易の代金として支払われている。石見銀山の銀の生産は、十七世紀後半から極端に落ちていた。金の方も生産量が少なくなっており、どちらも追加の貨幣を大量生産できる状態ではなかった。

そこで、勘定《かんじょうぎんみやく》吟味役だった荻原重秀《おぎわらしげひで》は、慶長小判を回収して改鋳《かいちゅう》するという妙案を提案した。それまでの金貨は、両という単位が砂鉄の重さの単位であるように、貨幣と金の価値が同一の兌換《だかん》貨幣であったが、それを廃止して信用貨幣（信用を基礎として流通する貨幣で現代なら小切手などのこと）へ移行したのである。新しく作られた元禄小判は、慶長小判の三分の二の量しか金が含まれていなかったものの、同じ一両の価値がある貨幣として流通させ、幕府は差額の五百万両の益を得た。これが前例となり、この後も数回、小判の改鋳をおこなっている。

さて、寛文八年に銀が、続いて宝暦《ほうれき》十三年（一七六三）に金が輸出禁止になると、今度は銅が海外へ持ち出されることになった。銅は銭の材料である。このため、銅も不足するようになり、明和《めいわ》五年（一七六八）に真鍮《しんちゅう》製の四文銭が発行された。一文、五文、十文ではなく四文なのは、前述の通り、江戸の貨幣制度の基本は四進法だったことに由来する。

現在の価値に換算する

江戸の物価は時代によってかなり異なっている。本書では、比較的物価が安定していたとされている文化・文政《ぶんせい》年間（一八〇四〜三〇）を基準とした。金・銀・銭の換算も時代によって異なるが、幕府の換算基準値の一両＝銀六十匁＝銭四千文とした。

では、一文を円でいくらにするかという問題である。たとえば、米価は現在よりはるかに高く、労働力は、かなり安価だ。そこで、江戸の物価でもっともよく知られている、そば一杯の値段を基準にした。落語「時そば」でも登場するポピュラーな値段である。当時の一杯は、十六文。現在、立ち食いでもなければ、高級な専門店でもないそば屋でのそば一杯の値段が大体五百円前後であることから、一文を三十円とし、そこから金一両を十二万円に設定した。

以上のように、この金額は学術的というよりは、あくまで現代の生活感覚で計算したものとご理解いただければ幸いである。

金・銀・銭三貨の換算レート

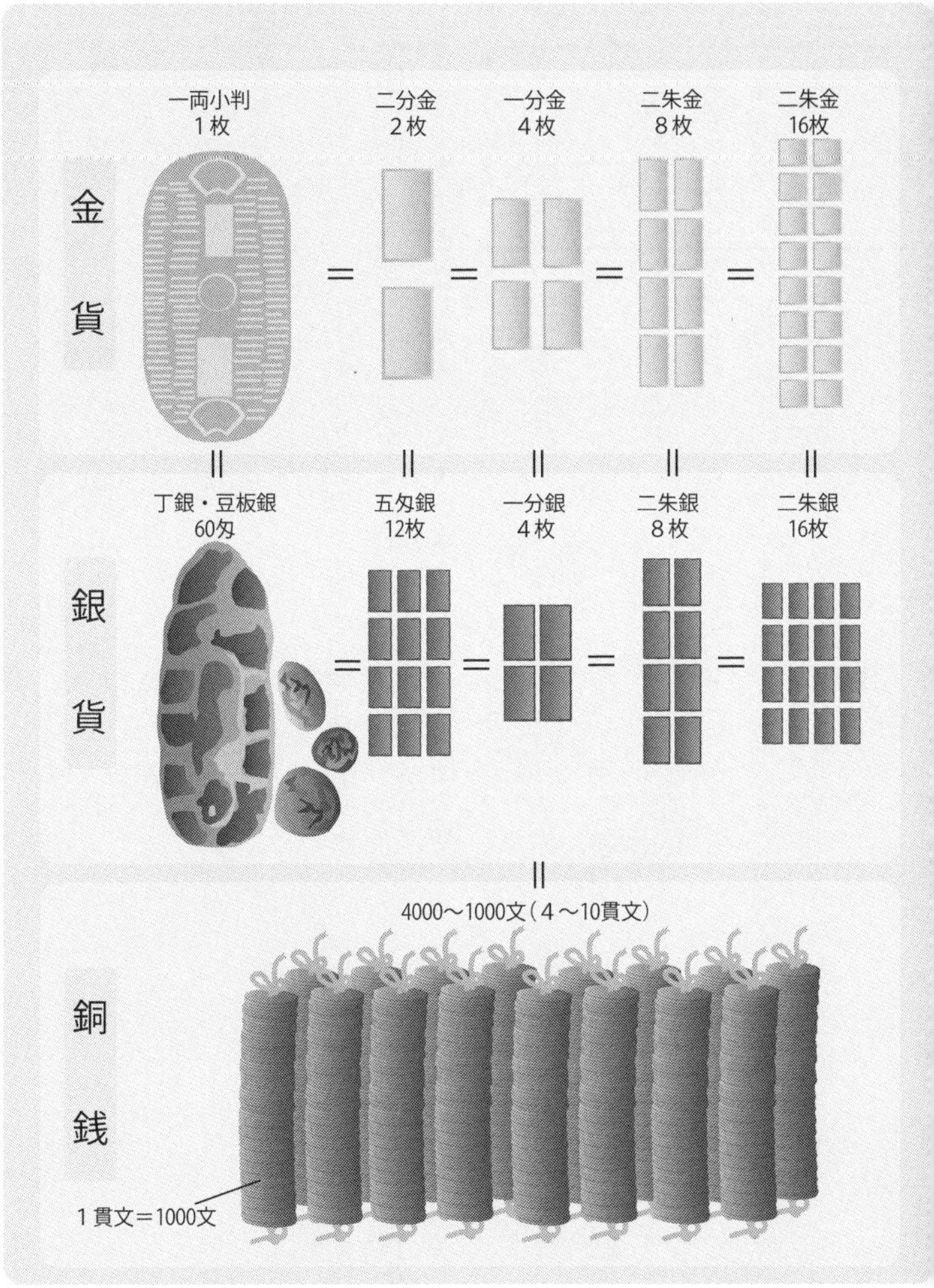

〈二〉武士の収入　三種類のもらい方があった

土地でもらう

「加賀百万石」などと、大名やその城下町を石高《こくだか》で表わすことが現在でもおこなわれている。この石高は、領地の生産力を米の単位で示したものだ。領地とは米を生産する農民付きで与えた土地のことである。武士の禄《ろく》（給料）の支給方法にはいくつかあり、領地はその一つである。

しかし、これはあくまで基準であり、同じ一万石の地でも、生産性が高い土地の場合、一万石以上の米が取れることもある。米とは別に特産物があって、それが全国的に高値で売買されていることもある。あるいは、幕府にお手伝い普請《ぶしん》を命じられた時も内情は豊かなので、領民の供出も血がにじむほど苦ではない。

逆に、生産性が低い土地柄で、一万石取れることはほとんどない土地もある。こうなると、お手伝い普請は、どうしても他藩よりも負担がかなり大きくなることになった。

また、額面の通りとすれば、加賀百万石の前田家は、百万石の収入があることになるが、実は、この地で生産された米すべてが加賀家のものになるわけではなかった。何より、米を生産する農民の取り分がある。このへんの加減が難しい。幕府の勘定奉行の言として、「胡麻《ごま》の油と百姓は絞《しぼ》れば絞るほど出るものなり」というものが知られているが、実際そんなに厳しく徴収したら、農民たちが黙っていない。一揆や越訴《おっそ》など様々な方法で、領主を転封《てんぷう》（領地替え）や改易《かいえき》（取り潰《つぶ》し）に追い込んでしまう。全生産高の半分を領主、半分を農民とする五公五民、多くても六公四民がいいところだろう。それ以上を取り立てて公儀へ訴えられたら元も子もない。領主の平均的な取り分は、実質的には三十五パーセント程度とされており、四公六民が多いようだ。領民たちが不満を爆発させて公儀に訴えない程度に徴収するのが有能な領主であった。うまく治《おさ》めている領主の場合、転封が発表されると、領民らが反対運動を起こして中止させたケースもある。それほどに領国支配は難しかった。

さらに、武士は有事の時に石高に応じて、家臣を連れて駆けつけなければならない。ちなみに、大名とは一万石以上の将軍直属の家臣。最低の一万石ぎりぎりの場合、馬上十人、銃二十人、弓十人、槍三十人、旗三人は帯同することになっていた。つまり、この人数の家来は雇用しなければならない。雇うからには、ある程度の禄を与えなければならなかった。少身の大名は、家臣を高禄で雇用することはなかなかできなかったが、大身の大名の場合は、高禄を与えて家臣を雇うことも可能であった。加賀前田家では五万石の本多《ほんだ》家を筆頭に、万石以上取りの家臣が十人以上もいた。彼らにはその禄高分の知行地が前田家の領地から与えられる。彼らも有事の際には、やはり家臣を率いて駆けつけなければならないので、与えられた禄高の中から家臣の禄をひねり出した。

米や現金でもらう

家禄を土地ではなく米で支給される場合もある。米で支給される代表的な例が、切米取《きりまいとり》(蔵米取)である。幕府領や藩領から取れた米は年貢《ねんぐ》として幕府や藩の蔵に収められ、その御蔵米《おくらまい》から禄が支給された。東京都台東区蔵前は、ここに幕府の御蔵があったことに由来する地名だ。

米を入れる米俵《こめだわら》の大きさは地方によって異なり、関東の場合は三斗五升《さんとごしょう》で、千俵で三百五十石にあたる。千俵は千石の知行取と同等の収入となるが、知行取には領地から人夫を徴用できるなどのメリットがあった。切米は、春(二月)、夏(五月)、秋(十月)の三回、四分の一、四分の一、二分の一の割合で支給した。米は食べるためだけではなく、売却して現金を得るための商品でもあった。江戸時代の米の値段は、大坂堂島《どうじま》の米市場を基準とした。米価は変動するので、いつ売ったらよいか、素人には難しい。そこで、札差《ふださし》という専門家に任せるようになった。やがて、貨幣経済が進んで、より多くの現金を武士たちが求めるようになると、札差は翌年の切米を担保に武士に金を貸すようになった。借金がかさんで数年先の切米まで差し押さえられてしまった旗本や御家人もいたという。

幕臣のうち、旗本の五十六パーセント、御家人の八十七パーセントがこの切米取であった。この下に扶持取《ふちどり》という階級もある。扶持とは「食い扶持」の扶持のことで、食料のこと。幕府では、男性は一日玄米五合食べるとして、毎月人数分の扶持を給付した。

隅田川西岸にあった鳥越神社の丘を切り崩して造られた幕府御蔵（台東区蔵前橋の袂に建つ碑）

さらにその下に給金取という現金を支給された最下級の武士がいた。享保《きょうほう》年間（一七一六〜三六）までは、三両一人扶持が与えられたことから、彼らを「三一侍《さんぴんざむらい》」と呼んだ。

〈三〉庶民の収入　手間賃の高騰に幕府が介入

出職の手間賃

江戸の庶民（町人）は、職人と商人に分けられる。このうち、職人は、おもに外で仕事をする出職《でしょく》と家の中で作業をおこなう居職《いしょく》とに分類される。

出職は、大工や左官などが代表である。江戸は火事の多い町であった。寒くて乾燥している冬場は、小火《ぼや》も入れると毎日どこかで火事があったといわれる。当時は、現在のように水や化学薬品を駆使して消火する技術はなく、延焼を防ぐために周囲の建物を壊す破壊消火がもっぱらで、火事で燃えた建物よりも壊された建物の方が多かったともいわれる。

火事の後には建物を再建しなければならず、大火事後は建物を建てる大工、建物の土壁を塗る左官、製材を担当する木挽《こび》きなどの職人は大忙しであった。ことに江戸が全焼した明暦三年（一六五七）以降、職人たちの手間賃が高騰。この年の八月に「上職人」という腕のいい職人の手間賃を定めた。これによると、大工、屋根葺《やねふき》、左官、石切《いしきり》、畳の各職人は一日銀三匁《もんめ》（六千円）、木挽きは銀二匁（四千円）であった。さて、時代が下って文政《ぶんせい》年間（一八一八～三〇）の大工の手間賃は、食事代込みで銀五匁四分（一万八百円）、一年を三百五十四日のうち正月や雨などで六十日休むとして一年間の収入が銀一千五百八十七匁六分（三百十七万五千二百円）になる。

本人と妻、子ども一人の三人家族として、四畳半二間の家賃が年間で銀百二十匁（二十四万円）、米を一年に三石五斗《と》四升《しょう》買うとして代金が銀三百五十四匁（七十万八千円）、調味・薪炭《しんたん》代が銀七百匁（百四十万円）、道具・家具代銀百二十匁（二十四万円）、衣服代銀百二十匁、交際費銀百二十匁ほどかかったが、余剰金も出て比較的ゆとりのある生活を送ることができた。ただし、子どもが増えれば余剰金の中から出すことになり、酒や女におぼれるゆとりはなかった。時代が下って、嘉永《かえい》年間（一八四八～五四）の例を『守貞謾稿《もりさだまんこう》』（江戸後期に書かれた風俗随筆）に見ると、江戸では大工の手間賃は銀五匁（一万円）から五匁五分（一万千円）くらい。大火事など人手不足の時には一日十匁（二万円）まで跳《は》ね上がった。

木挽き（『人倫訓蒙図彙』国立国会図書館蔵）

このほか、出職の収入でわかるものを紹介する。鳶口《とびぐち》を使って、建築現場で土木工事の雑役にあたる鳶は一日三百文（九千円）、時によって割増料金が払われることもあったという。江戸城の畳《たたみ》替えを担当した畳職人の宝永《ほうえい》元年（一七〇四）の手間賃の取り決めによると、年内は一人一匁八分五厘《りん》（三千六百円）ずつ、翌年の正月以降は一匁五分（三千円）となっていた。なお、厘は計算上の単位で、一文の百分の一である。

居職の給金

家や作業場で仕事をする職人は様々がいたが、武士の多い江戸では、必需品の刀を打つ刀鍛冶《かじ》や刀を研《と》ぐ研師《とぎし》、刀を納める鞘《さや》を作る鞘師や甲冑《かっちゅう》を作ったり修理したりする甲冑師などがいた。他方、庶民を相手に自宅に作業場を持ち、桶《おけ》、枡《ます》、指物《さしもの》（家具）を作る職人も多くいた。文化・文政時代（一八〇四〜三〇）の職人の手間賃は、住み込みだと月平均三貫文（九万円）、普通の職人の手間賃が四〜六貫文（十二万〜十八万円）くらいであった。

職人の中には高い賃金を稼ぐ者もいた。たとえば、吉原《よしわら》の遊女の衣装を縫うお針《はり》と呼ばれるお針子は、月に四〜五両（四十八〜六十万円）稼ぐ者もいたという。

商人の場合

商人の奉公人の場合、手代《てだい》と呼ばれる中堅社員の地位で銀三枚（百二十九匁＝二十五万八千円）から、多くても五枚（二百十五匁＝四十三万円）だった。商家の奉公人は住み込みが基本で、衣食住は簡素だが、店から支給されるメリットもあった。

さて、商人の中でもっともランクの低い、商品を担いで売り歩く棒手振《ぼてふ》りの場合を紹介しよう。カブやダイコン、ハス、芋《いも》などを一日中売り歩く。夕方になり、売れ残りは明日の朝ごはんのおかずにする。この日の売り上げは千二百～千三百文（三万六千～三万九千円）。しかし、仕入れに六百～七百文（一万八千～二万千円）かかっている。家に帰れば、女房に米と味噌《みそ》と醤油《しょうゆ》の代金として二百五十文（七千五百円）を請求される。子どもにも菓子代をねだられたので、十二文（三百六十円）を渡す。明日の仕入れ代金や家賃用の積み立て金を取り除いた残りの百～二百文（三千～六千円）ほどが、この日の儲《もう》けとなる。

炊事や簡単な裁縫など家の中の雑用をこなす女性の給金は時代によって各々であるが、二～三両（十二～三十六万円）くらいだった。

役者の給料

芸能にかかわる人の給料は、どのくらいであったか。日本の演劇の特徴は、演目よりも出演している人物に注目が集まるスターシステムにある。江戸時代の役者は、芝居小屋と十一月から翌十月まで一年間専属契約を結ぶ。人気が高ければ、給金と呼ばれる出演料も高くなる。正徳《しょうとく》年間（一七一一～一六）に大坂の女形芳沢《おんながたよしざわ》あやめが千両（一億二千万円）で江戸に来たのをはじめ、市川團十郎《いちかわだんじゅうろう》など千両を超える役者が何人も出た。

給金は一度には支払われず、年三回に分けて渡すのが普通であった。三百両（三千六百万円）で契約した場合、百両（千二百万円）ずつ三回に分けてもらうことにはなるが、そのうち、最初の百両については、契約した時に手付《てつけ》として三十両（三百六十万円）、十一月十七日の初日に二十両（二百四十万円）、十一月末日に残りの五十両（六百万円）と分けて支給されることもあった。これは役者だけでなく囃子方《はやしかた》も同じだった。

給金が高騰《こうとう》している事態を幕府は問題視し、寛政年間（一七八九～一八〇一）と文政年間（一八一八～三〇）に役者の給金を最高五百両（六千万円）にするよう指示したが、改められなかった。

第一章

江戸のお勘定【生活篇】

〈一〉江戸での生活➡家事が不慣れの単身者でも生活可能

天正《てんしょう》十八年（一五九〇）八月一日、豊臣秀吉の小田原攻めの戦後処理の一環として、徳川家康は江戸に封じられた。従来、江戸は寒村であったとされてきたが、今では否定されている。当時の江戸は利根川《とねがわ》をはじめとする水運の拠点として整備され、人々で賑《にぎ》わっていた。

家康は江戸入り後、建設資材や都市生活を維持するための物資を運ぶために掘割を開削《かいさく》。慶長《けいちょう》五年（一六〇〇）、関ヶ原の戦いで勝利し、慶長八年に征夷大将軍になると、江戸の都市整備に本格的に着手した。大名たちがこぞって工事をおこなう天下普請《ぶしん》を命じ、日比谷入り江を埋め立てて、武家地を造り出し、埋め立て地の先には町人地が造られた。

この武家地に大名たちが住み、その周辺には旗本や御家人などの幕臣が配された。こうした武士の生活を支えるために、必要な物資を調達し販売する商人や職人を、旧地の三河《みかわ》（愛知県）から江戸に呼び寄せた。

三代将軍家光《いえみつ》の代になり、大名が一年交代で江戸と国元を行き来する参勤交代の制度が

酒と簡単な食事が取れた居酒屋（『職人尽絵詞』国立国会図書館蔵）

整えられると、大名の家族は江戸に留め置かれたが、大名に従う家臣たちの大半は妻子を国元において江戸に出てきた。また、江戸にある大店《おおだな》の奉公人たちは男性ばかりというケースも多かった。

つまり、江戸の町は男性が極端に多い都市であった。そのため、単身男性でも生活できるよう、社会が整備された。たとえば、一膳めし屋などの外食産業が盛んになり、食べ物に困ることはなくなった。大店では、炊事や洗濯に専門の人が雇われており、武家屋敷でも、家事をする人を雇うこともあった。使用人を雇うゆとりがない武士は、顔見知りの人や近所の商人に頼んで代行してもらう。もちろん、代金は払う。襦《じゅ》袢《ばん》の洗濯を頼んで二十文（六百円）というから、商家のおかみさんもアルバイト感覚だったのかもしれない。裁縫も同様で、縫物を専門にしているプロ職人もいるし、近所の女性にお願いすれば、安価ですんだかもしれない。ただし、下級武士や長屋住まいの町人は、現代人に比べて極端に持ち物が少なかったので、掃除はごく簡単で、人を頼む必要はなかった。

〈二〉 家賃⬇一カ月八百文（二万四千円） 今よりも格段に安かった家賃

武士の場合

幕府とはもともと、将軍の居場所という意味である。それが転じて武家政権のことを指す。つまり、江戸幕府は元は軍事政権であり、武士が政治をおこなった。政治の中心地である首都江戸には、必然、多くの武士が住んだ。江戸時代中期にあたる元禄《げんろく》年間（一六八八～一七〇四）には、江戸は百万人の人口を擁《よう》する都市であり、その半数が武士であったとされる。

そんな彼ら武士が住んでいたのが、拝領屋敷である。拝領屋敷とは、江戸幕府から大名や旗本が拝領した屋敷のことで、たとえば、現在の東京大学本郷キャンパス（文京区）は、江戸時代、加賀前田家が将軍から与えられた場所であった。前田家は、広大な土地を将軍家からただでもらっていた。しかも、土地は一カ所だけではなく、小さな藩でも二カ所、大藩になると、三カ所の広大な屋敷地を与えられた。ただし、与えられるのは土地だけで、上物《うわもの》は自分で造らなくてはならない。また不祥事を起こして、家がお取り潰《つぶ》しになれば、与えられた土地は取り上げられた。

屋敷地は幕府から指定された場所で、自分の希望する場所はもらえなかった。幕閣として働く老中などの役職に就いた者は、日々登城できるよう江戸城の近くに、関ヶ原の戦い後、徳川家に従った外様《とざま》大名は城から遠くに与えられた。幕府の要職から外《はず》れれば、江戸城から離れたところに引っ越さなければならないこともあった。与えられた屋敷とは別に、大名が買い取りした屋敷を大名同士が話し合い屋敷地を交換し合う「相対換《あいたいがえ》」や、農民から郊外の土地を買い取って「抱《かかえや》屋敷《しき》」と呼ばれる屋敷を構える大名もいた。

大名屋敷には、大名だけでなく、家臣たちも暮らしていたが、その人数は、軍事上の理由などから機密扱いであった。

幕臣である旗本は、江戸城防衛もあり、搦手《からめて》(裏手)にあたる半蔵門周辺(千代田区)などに屋敷が配された。御家人の場合、自分が所属する組単位で屋敷地を拝領することもあった。現代の公務員官舎のようなものである。ただし、官舎は集合住宅が大半だが、当時は庭付き一戸建てで、庭で野菜を栽培して家計の足しにした。旗本の中は、庭の一角をこっそり人に貸す人もいたという。また、組屋敷全体で、傘張りや朝顔栽培といった内職を請け負うこともあった。組単位の拝領地は、今も御徒町《おかちまち》（台東区）など駅名として残っている。

こうした武家地は江戸の七割を占め、武士たちは家賃無料で住んでいたのである。

庶民の場合

さて、二割部分に町人たちは住んでいた。町人地は、徳川家康が江戸に入府した時に従った奈良屋《ならや》、樽屋《たるや》、喜多村《きたむら》の町年寄《まちどしより》三家がトップとなり、彼らの下に町名主《まちなぬし》、家持《いえもち》、家主《やぬし》といった町役人がおり、自治をおこなっていた。町年寄は名字帯刀を許され、将軍にも謁《えっ》見《けん》できるという、武士と同等の扱いを受ける名誉職である。幕府は町年寄にも拝領屋敷を与えたが、彼らは武士の場合とは違い、六百両（七千二百万円）の地代を払っていた。

裏長屋の共同便所「総後架」（『天岩戸初日門松』国立国会図書館蔵）

町人も様々だが、落語に登場する庶民の代表格「熊さん」が住んでいたのは、俗に裏長屋といわれるところで、表通りに面していない場所に建てられた集合住宅であった。

防犯を兼ねた木戸がある裏長屋の出入り口（『浮世床』国立国会図書館蔵）

裏長屋の間取りは、間口九尺《しゃく》（約二・七メートル）、奥行二間《けん》（約三・六メートル）の俗に九尺二間が一般的。入口には三尺の土間があり、ここに小さなへっつい（竈《かまど》）と流しがあった。トイレは長屋の隅にある共同便所を使用し、風呂は湯屋《ゆや》に行く。令和時代の物件と比較すると、狭いうえに風呂もトイレもないので、とても不便なように感じられるが、昭和四十年代（一九六五年〜）頃の学生の下宿は、三畳や四畳半一間で風呂なし、トイレ、台所は共同が一般的だったから、それよりはましだったのかもしれない。

時代や立地によって違いはあるが、この間取りで文政《ぶんせい》年間（一八一八〜三〇）なら、一カ月、八百文（二万四千円）から千文（三万円）ほどだった。家賃は今と比べれば、安かったといえるだろう。それでもまとまった家賃を払うのが困難な人もおり、日割りで払うこともあったという。

〈三〉 水道代➡月十一文（三百三十円） 庶民は家賃の中に含まれる

武士たちのために整備したものを町人も使用した

江戸城の東側を中心に城下は整備され、発展した。特に江戸城東側の外濠《そとぼり》付近、現在の皇居前広場や大手町、八重洲《やえす》、有楽町、銀座付近は日比谷入り江と呼ばれた浅瀬を埋め立てて造られた。今の皇居前広場から大手町にかけては、「大名小路《だいみょうこうじ》」と呼ばれるように大名屋敷が密集する地域であった。ここには大名やその家臣、家臣の従者（又家臣）など多くの人が暮らしていた。

人間が生きていくために、まず必要なのは水である。江戸時代初期の未熟な技術では深い井戸を掘ることができず、埋め立て地では掘っても塩水しか出てこないということもあり、徳川家康は家臣の大久保《おおくぼ》忠行《ただゆき》に飲料水の確保を命じた。大久保は目白《めじろ》台下の川を神田《かんだ》方面に通した。しかし、江戸の人口が増えるとそれだけでは賄《まかな》いきれなくなり、三代将軍徳川家光の時代に井《い》の頭池《がしらいけ》（武蔵野市・三鷹市）を水源とし、善福寺《ぜんぷくじ》川《がわ》や妙正寺《みょうしょうじ》川《がわ》（ともに杉並区）などを神田川に合流させ、神田上水として供給量の強化を図った。

さらにそれでも足りなくなると、羽村《はむら》村（東京都羽村市）から水を引く事業が開始された。わずかな勾配《こうばい》を利用して羽村から四谷《よつや》大木戸《おおきど》（新宿区）までの約四十四キロの水路を完成させた。大木戸からは石や木で造った水道管を地中に埋めて江戸城内や麹町《こうじまち》（千代田区）、芝（港区）、京橋（中央区）などの町人地に供給した。

長屋の井戸端（『春の文かしくの草紙』国立国会図書館蔵）

水道といっても現在のようにカランから水が出るものではなく、地中に埋めた井戸から竹竿《たけざお》に括《くく》り付けた桶《おけ》で汲《く》み上げる。長屋に設けられた井戸を共同で使用した。井戸には蓋《ふた》をして鍵《かぎ》をかけられるようになっている場合もあり、近所の人に意地悪をされ、鍵をかけられて水を汲むことができなかった話も残っている。町人地では一年に一回七夕《たなばた》の日に日頃使用している井戸の掃除がおこなわれたという。
武家地は石高《こくだか》に応じて水道代を支払うシステムであった。町人地は間口一間《けん》（約一・八メートル）ごとに月十一文（三百三十円）を負担していたが、裏長屋に住んでいる町人たちは、水銀《みずぎん》と呼ばれる水道代を直接徴収されず、大家が負担していたようだ。

〈四〉湯屋→大人十文（三百円）　低料金で楽しめる男の社交場

風呂でさっぱりした後は二階に上がってまったりと

江戸は火事の多い都市であった。小火《ぼや》も含めると毎日のように、どこかで火事があったとされる。たとえ過失でも自宅から出火すれば罪に問われるので、なるべく火を使わないように心がけていた。そのため、大きな商家でも簡単に内風呂は許されなかった。それでも湯屋《ゆや》（風呂屋）から出火することも多く、風の強い日には臨時休業することもあった。

江戸前期は混浴であったが、風俗が乱れるなどの問題があり、寛政《かんせい》三年（一七九一）、老中の松平　定信《まつだいらさだのぶ》が推《お》し進める寛政の改革の一環として禁止されることになった。しかし、男女別々の浴槽《よくそう》を造るだけのスペースを確保するのが難しいこともあり、なかなか徹底されなかったようだ。

代金は江戸初期が大人六文（百八十円）で子ども四文（百二十円）、諸物価が高騰した幕末近くになっても大人が十文（三百円）で子どもが八文（二百四十円）くらいであった。

ただし、これは普通の日の値段。正月や端午《たんご》の節句は菖蒲《しょうぶ》湯《ゆ》と、夏の土用の中頃の桃の湯、冬至《とうじ》の日のゆず湯には、入口の番台に白木《しらき》の三方（宝）を据える。客は湯屋の料金にチップを加えた十二文（三百六十円）を半紙にくるんでおひねりにして、三方の上に置く。桃の湯は、夏の土用に桃の葉を入れて沸かした湯に入ると虫に刺されないといわれたそうだが、廃《すた》れてしまい、今はおこなわれていない。

せっけんがなかった当時は、米ぬかを袋に入れたもので体を洗った。お手製のものを使うのが一般的だったが、忘れた時などは四文で借りることもできた。さらに四文出せば、専門の人がいたので、垢《あか》すりのサービスも可能だった。

狭い石榴《ざくろ》口から湯船に出入りした（『職人尽絵詞』国立国会図書館蔵）

湯屋の二階には、刀掛けが置いてあり、武士はここに刀を置いてから湯に入った。湯に入った後は、八～十二文程度の別料金を払うと二階で休憩でき、八文で菓子を買いお茶を飲んで、知人たちと話をしたり、囲碁や将棋を指すなどサロンのようであった。

〈五〉髪結➡一梳二十四文（七百二十円）　おしゃれはまず清潔な髪から

夜明けから時には徹夜もするほど繁盛する

江戸の男たちはきれい好きであった。額《ひたい》のてっぺんにかけて剃《そ》った月代《さかやき》をきれいにしたいと、毎日、髪結《かみゆい》に通う者もいた。そこまではいかなくとも数日に一度は月代を剃って髷《まげ》を結《ゆ》い直してもらうために髪結床《かみゆいどこ》に行く。

髪結床は、最初、日本橋（中央区）や常盤橋《ときわばし》（千代田区・中央区）などの高札場《こうさつば》（法令や掟《おきて》を提示した板の札を掲げた場所）のそば六カ所に設けられ、営業の許可を得る代わりに、高札の見張りや掃除、橋梁《きょうりょう》などの消火をおこなう橋火消《はしびけし》の役目を担う場合もあった。

その後、髪結床は徐々に増え、天保《てんぽう》年間（一八三〇～四四）には町の木戸脇や橋の袂《たもと》などで営業する出床《でどこ》が三十九、長屋などの自宅で床屋を営む内床《うちどこ》が四百四十二を数えるまでになった。

営業時間は夜明けから日没後二時間ぐらいまで。大みそかは徹夜だった。客は店の土間に通りに向かうようにして腰かける。普通の店は、親方と下職《したしよく》と呼ばれる職人の二、三人で回していた。まず、下職が客の髪を濡《ぬ》らして月代を剃り、元結《もとゆい》（髷を束ねた紐）を切って髪をほどく。この時、剃った髪が散らばらないように客は毛受《けうけ》と呼ばれる板を持って剃った髪を受けた。次に顔を濡らして顎《あご》の下まで髭《ひげ》をあたる。家光の時代以降、髭を蓄える男性はほとんどいなくなった。最後に親方が髷を結って、これで代金は十六文（四百八十円）から二十八文（八百四十円）、二十四文（七百二十円）が一般的であった。現代の散髪代から考えるとずんぶん安かった。

大店《おおだな》などの場合は、道具を持って得意先を回る廻《まわ》り髪結と専属契約を結び、月に何度か主《あるじ》や店員の髪を整えた。廻り髪結は、決まった代金のほかに食事をご馳走《ちそう》になることがあったという。

一方、女性は自分で髪が結えて一人前という風潮が強かった。女性の髪形が複雑になると自分では手に負えなくなり、明和《めいわ》年間（一七六四〜七二）頃から女《おんな》髪結床が誕生した。百文（三千円）というから男性の四倍もした。しかも、それは手間賃だけで、髪を結ぶ元結や油は客の持ち込みだったという。そのせいか、女髪結は贅沢《ぜいたく》であると何度も禁止されたが、なくなることはなかった。

〈六〉燃料➡一俵四百文（一万二千円）　使う分だけの量り売り

くずや粉も無駄なく炭団として利用

江戸時代は、ガスも電気もなかったため、炭はとても重要だった。木炭は薪《まき》を蒸し焼きにして作る、いわゆる炭《すみ》。燃やしても煙が出ない上、灰も少ない。現在でも茶道や焼き鳥屋などの飲食店で使用されているので、見たことがある人も多いだろう。

江戸時代、炭は調理や暖を取るだけでなく、産業用にも使用されていた。もっとも多く使用されていたのは銅や鉄を精錬する時で、出雲《いずも》（島根県）では一回の精錬で一山分の炭が使用されたといわれる。江戸で一番多くの炭を消費したのは江戸城で、炊事や風呂といった日常生活を送るのに年間十万俵もの炭が消費されたという。

ちなみに宝暦《ほうれき》（一七五一～六三）頃の炭の値段は一俵《いっぴょう》（約十五キログラム）で銀四匁《もんめ》（約二百六十七文＝八千十円）であった。庶民は一度に二百六十七文も払うことができない。そこで明和年間（一七六四～七二）に本所相生町《ほんじょあいおいちょう》（墨田区）で炭屋を始めた塩原屋太助が、それまでは俵単位で量《はか》り売りであったのを五十文（千五百円）分や百文（三千円）分と値段に応じた量を売ることを始めた。さらに、量り売りする行商人も現われ、一升、二升と枡《ます》で量って商った。それでも炭を買えない人のために炭の粉などを団子状に固めた炭団《たどん》を販売した。これも塩原屋太助の発明という。炭の量り売りや炭団を発明したとされる塩原屋太助の生涯については、幕末から明治にかけて活躍した落語家の三遊亭円朝《さんゆうていえんちょう》が人情噺《にんじょうばなし》『塩原多助一代記』を創作して大ヒット。のちに歌舞伎や浪曲にもなった。

江戸時代の照明器具で使われていたのは提灯《ちょうちん》や行灯《あんどん》。豆電球ほどの明るさしかないが、これが貴重な光源で、この明かりの下で裁縫や読書をしたのだ。灯火の油として使われていた菜種は増産され、文化五年（一八〇八）に一合で四十一文（千二百三十円）と比較的に安価だった。菜種油が高くて買えないという人はイワシなどから取った魚油を使ったが、燃やすと臭かったそうだ。

ちなみに江戸時代にも石油はあった。当時は臭水《くそうず》といって現在の新潟県で生産された。ただし、量は少なく限定的にしか使われていない。質の悪いもので一合十七〜十八文（五百十〜五百四十円）、良質のものは一合で三十文（九百円）したが、持ち（時間）が長かったという。

〈七〉飛脚⬇ 一時早着十匁（二万円） 早い到着なら上乗せ分あり

幕府の御用のために整備される

飛脚というと、裸に近い格好の男性が箱を担いで走っている絵を思い出す人も多いだろう。あれは幕府の御用を果たす継飛脚《つぎびきゃく》を描いたものとされる。継飛脚は一人が最初から最後まで走り通すのではなく、リレー式でバトンを渡すように荷物を受け渡し、目的地まで届ける。葛飾北斎《かつしかほくさい》の『富嶽百景《ふがくひゃっけい》』に描かれた通り、継飛脚は二人一組で昼夜問わず走った。

継飛脚は、幕府が京都所司代や大坂城代、京都町奉行、大坂町奉行など遠国奉行《おんごくぶぎょう》たちに、幕府で決められた重要事項などを知らせるため、寛永《かんえい》十年（一六三三）に設けられた。江戸・京都間を普通は六十四から六十六時間、急ぎだと五十六から六十時間で運んだという。

大名たちも幕府と同じように大名飛脚と呼ばれる独自の飛脚を使って江戸の動きを国元に知らせていた。大名飛脚の中でも尾張《おわり》藩や紀伊藩の七里飛脚《しちりびきゃく》や、加賀藩の三度飛脚は有名だった。ちなみに三度飛脚は、規定よりも早く着けば褒賞金《ほうしょうきん》が支払われた。たとえば、金沢と江戸の間を規定より一時《いっとき》（二時間）早いと銀十匁（二万円）、二十時間も早く着けば、銀八十六匁（十七万二千円）ももらえるとなると頑張りがいもあった。

幕臣や江戸に単身赴任中の諸藩の藩士、商人たちが使用するのは、寛文《かんぶん》三年（一六六三）に制定された町飛脚《まちびきゃく》。手紙だけでなく小荷物や金銭、為替《かわせ》などを扱った。月に三度の定期便が出たので定飛脚《じょうびきゃく》とも呼ばれた。最初は江戸、京、大坂だけであったが、全国に広がり、便も増発されていく。

二人組の継飛脚（『富嶽百景』国立国会図書館蔵）

また、江戸市中で配達をする町飛脚もいた。風鈴をつけているため「チリンチリンの町飛脚」と呼ばれて親しまれた。毎朝四つ時（午前十時頃）に日本橋人形町（中央区）で書状を回収し、浅草御蔵前《あさくさおくらまえ》（台東区）までは二十四文（七百二十円）、品川新宿（品川区）までは五十文（千五百円）、牛込《うしごめ》（新宿区）から九段坂（千代田区）までは三十二文（九百六十円）で運んだという。

〈八〉駕籠➡「日本橋～新吉原」間金二朱（一万五千円）　庶民には手が届かない乗りもの

吉原に駕籠で乗りつけるのは男のロマン

江戸の人は、どこへ行くのも基本的に自分の足で歩いた。車輪を使用した乗りものは江戸ではほとんど使用されず、江戸市中では町人が馬に乗ることは禁止されていた。そのうえ、町人は駕籠《かご》に乗ることも禁止されていた。しかし、商人らが力をつけると、禁令を無視して駕籠に乗る者が多く現われた。幕府はそのたびに規制を強化するが、完全に禁止することはできない。延宝《えんぽう》三年（一六七五）に三百挺《ちょう》だけ営業を許可したものの、正徳《しょうとく》三年（一七一三）には千三百挺まで増加。幕府は制限しようとしたが、効果はなく、ついに、享《きょう》保《ほう》十一年（一七二六）に、自由営業を認めざるを得なくなった。この後、芝居見物や寺社《じしゃ》詣《もうで》などに利用する人が増えた。

駕籠には宿駕籠《しゅくかご》と辻《つじ》駕籠があった。宿駕籠は店を構えた駕籠で、中でも大伝馬町《おおでんまちょう》（中央区）の赤岩、浅草茅町《かやちょう》（台東区）の江戸勘、芝口《しばぐち》（港区）の初音屋《はつねや》を江戸三大駕籠屋と呼んだという。一方の辻駕籠は、往来や人の集まるところなどで客引きするが、中には強引な者や、酒手《さかて》と呼ばれるチップをねだる者もいて、宿駕籠よりも格下に見られた。辻駕籠の担ぎ手は、駕籠を元締《もとじめ》から借りており、そのレンタル料を払わなくてはいけないから必死だった。

坂上にある茶店で休憩する駕籠かき（『広重東都坂尽』国立国会図書館蔵）

駕籠代は天保年間（一八三〇〜四四）頃に日本橋（中央区）から新吉原大門《おおもん》（台東区）までが金二朱（一万五千円）。これは担ぎ手が二人の場合で、倍の四人になると一分（三万円）になる。とうてい庶民が利用できるような値段ではないが、吉原に駕籠で乗りつけたいという男も多く、稼ぎの良い時は一日三千文（九万円）ほどにもなったという。その一方で悪い日は五百文（一万五千円）がやっとで、落差の激しい商売であったようだ。

ちなみに、駕籠は庶民など身分の低い人が乗るもの。大名など身分の高い武家が乗るものは、駕籠ではなく「乗物」と呼ばれ、庶民は使用することができなかった。

〈九〉按摩↓全身四十八文（千四百四十円）　手軽な料金で施術可能

様々なスタイルの按摩がいた

少し大きな町ならば、かならず複数軒あるほどマッサージがブームである。予算や忙しさに応じて施術時間が選べるのも人気の秘密のようだ。

江戸時代にも今のマッサージのような按摩《あんま》があったが、これはおもに盲人の仕事であった。幕府は盲人の統制のため、室町《むろまち》時代からあった盲人の互助組織「当道座」を保護し、按摩、鍼灸《しんきゅう》、芸能のほかに高利貸しをおこなうことを許可した。現在の墨田区千歳《ちとせ》に按摩や鍼灸師を育成する杉山流《すぎやまりゅう》 鍼治《しんじ》導引稽古《どういんけいこ》所《じょ》という教育機関があった。

『守貞謾稿』によると、按摩には、得意先を持ち客の求めに応じて行く者と、路上で客を引く者とがいた。路上で客を取る者は、振り按摩と呼ばれ、小さな笛を吹いて合図とした。歌舞伎の劇中に笛を吹く按摩が登場することもあり、当時の人々にとっては馴染《なじ》み深い姿であった。江戸の場合は笛を吹かずに「あんま、はりの治療」とかけ声を出す者もいた。京都や大坂では夜のみの営業であったが、江戸では昼夜関係なかった。按摩の中には店を構えていた者もおり、店持ちの按摩は店で客が来るのを待ち仕事をした。

料金は、全身を揉《も》んで四十八文（千四百四十円）、京都と大坂は当初、三十二文（九百六十円）であったが、値上がりして江戸と同じ四十八文になったという。中には子どもの按摩もいて、この場合は全身を揉んで半額の二十四文（七百二十円）であった。ちなみに、「上（半身）だけ、下（半身）だけ」の施術もあり、半身の場合は半額であった。

按摩でも「足力《そくりき》」といって足で踏んでおこなうマッサージをする者は、全身の施術代として百文（三千円）を請求した。なお、この足力は江戸だけの商いで京都や大坂にはなかったという。

笛を吹き、杖を突いた按摩（『世渡風俗図絵』国立国会図書館蔵）

按摩は鍼治療もおこない、足力は灸《きゅう》の治療も兼ねた。そのため、足力は盲人でない場合もあった。灸を専門に据える「灸すえ所」もあり、施術費は按摩の半額程度であった。

〈十〉歯磨き粉・房楊枝➡一袋六文（百八十円）　スターの白い歯はいつの時代も憧れ

歯磨きの習慣は江戸時代に広まる

江戸の人は、房楊枝《ふさようじ》と呼ばれた歯ブラシに歯磨き粉をつけて歯を磨《みが》いていた。歯を磨く習慣は、インドで始まり、仏教とともに日本へ伝来したといわれる。江戸時代に歌舞伎役者や遊女たちが歯を磨いたことから、それをまねて歯磨きが一般化したとされる。

房楊枝は柳や桃、杉、黒文字《くろもじ》、竹などの枝を十二〜十八センチメートルの長さに細く切り、片方を叩《たた》き潰して細いブラシ状にしたもので、作り手によって仕上がりが異なる。下級武士たちが内職で作っていたといい、幕末、御家人の子として生まれた江原素六《えばらそろく》（麻布学園の創設者）は、自作の房楊枝を売り歩いたという。

楊枝屋では房楊枝のほかに歯磨き粉、お歯黒《はぐろ》に使う五倍子《ごばいし》なども売っていた。お歯黒は結婚した女性が歯を黒く染める化粧法で、虫歯の予防に効果があったらしい（高橋雅夫『化粧ものがたり』）。楊枝屋は所々にあったが、浅草寺（台東区）境内の柳屋で働いていたお藤

時には大道芸もした歯磨売（『成島司直職人歌合』国立公文書館）

は美人の誉《ほま》れ高く、彼女を一目見ようと大勢の人が詰めかけたといい、浮世絵師の鈴木《すずき》春《はる》信《のぶ》も彼女をモデルにした作品を残している。

房楊枝のブラシの部分につける歯磨き粉は、寛永二十年（一六四三）、江戸商人の丁子《ちょうじ》屋《や》喜左衛門《きざえもん》が朝鮮人から教えてもらった製法をもとに売り出したのが最初とされる。袋には「歯を白くする、口中あしき匂《にお》ひを去る」と書かれていたという。歯磨き粉の成分は、安房《あわ》（千葉県）で取れたきめの細かい房州砂にハッカ、コショウ、唐辛子《とうがらし》、丁子などのスパイスをそれぞれ少しずつ加えたものであった。

文化・文政年間（一八〇四〜三〇）には、百種類ほどの歯磨き粉が売られていたといわれる。当時の戯作者《げさくしゃ》の式亭三馬《しきていさんば》や山東京伝《さんとうきょうでん》も宣伝文を書き、楊枝屋のほかに荒物屋、湯屋でも販売した。値段は文化頃で一袋六文（百八十円）から八文（二百四十円）くらい。専門に売り歩く行商人がいたが、過当競争で、売るために様々な工夫を凝らした。たとえば、浅草の奥山（台東区）など人出の多いところでは、刀の居合抜きや曲独楽《きょくごま》の芸を披露して人目を引き、歯磨き粉を売った。

〈十二〉おしろい・紅➡一袋五十文（千五百円）　きれいになるには金も手間も惜しまない

江戸時代の化粧品はいろいろあった

江戸時代の女性は、外見で身分や年齢がある程度わかるようになっていた。髪形が年齢により、また、武家と町人により違っていた。化粧も未婚と既婚では異なった。既婚女性はお歯黒《はぐろ》をして歯を黒く染め、さらに子どもが生まれると眉《まゆ》を剃《そ》り落とした。

江戸時代には「色白は七難隠す」といわれたほど、白い肌が美しいとされたので、女性たちは、白さを求めてウグイスのフンや糠袋《ぬかぶくろ》で肌を磨く。さらにおしろいののりがよくなるからと化粧水を利用した。この化粧水の代表的なものに「江戸の水」がある。『浮世床』や『浮世風呂』で知られる式亭三馬が売り出した化粧水で、自分の作品中で宣伝したこともあり、爆発的なヒットとなった。ガラス瓶《びん》に入っているのも当時としてはおしゃれで、箱入りが四十八文（千四百四十円）、大瓶が二百文（六千円）だった。

化粧水の上に塗るおしろいは、当時は毒性が強い鉛《なまり》を主成分とする鉛白や、やはり毒性のある水銀を使用した軽い粉が原料として使われた。現在は基本的には顔にだけおしろいをはたくが、当時は刷毛《はけ》を使い、頸《くび》や背中の上部、胸元にまでおしろいを塗っていた。天皇や将軍、大名などの乳児の死亡率が高いのは、身分の高い女性たちが毒性の高いおしろいを厚く塗り、乳児の口にそのおしろいが入ったからではないかともいわれる。

おしろいの値段は、南伝馬町《みなみてんまちょう》（中央区）の坂本屋が「美艶仙女香《びえんせんじょこう》」と名づけたおしろいを一袋五十文（千五百円）で売った。仙女とは、当時人気絶頂にあった女形の三世瀬川菊之丞《せがわきくのじょう》の俳号から取ったもの。さらに販売促進すべく紙草子や浮世絵の中に仙女香の名称を印刷して宣伝したという。当時の人気戯作者の山東京伝は、白牡丹というおしろいを一袋百二十六文（三千七百八十円）で販売。原稿料が安かったために戯作者はほかにも仕事を持っていることが多かった。

口紅は、紅花《べにばな》の生花から採取した紅を使用した。当時、紅花は貴重で、同じ重さの金で取引されていたという。これから取れた紅を板や猪口《ちょこ》に塗り付け、筆や薬指で溶いて使用した。小さな板で三十二文（九百六十円）だった。紅を厚く塗って緑がかった玉虫色にする笹紅《ささべに》という化粧法もあったが、庶民にはふんだんに紅を使用することは難しく、唇に墨《すみ》を塗り、その上に紅を重ねることでそれらしく見せる方法が編み出された。

〈十二〉着物⬇浴衣一枚三朱三百三十三文（三万二千四百九十円）　高値の着物に幕府が触書を出す

見本を見てお買い物

大工や駕籠《かご》かきや飛脚の中には下帯だけ、もしくはその上に腹かけや半纏《はんてん》だけで働く人もいた。激しい労働で半裸でも体を動かしていれば、寒くはなかったのだ。半裸の人々の多くは彫《ほ》り物《もの》（入《い》れ墨《ずみ》）をしていた。トロイア遺跡を発掘したシュリーマンが幕末に日本を訪れているが、彼はこれらの彫り物がカラフルで見事だと記している。

一般の人々はというと、古着屋で売っている百文（三千円）程度の着物を着ていた。

では、古着ではなく、新しい着物を買おうとしたら、一体いくらしたのだろうか。

まず、当時の買い物のシステムから説明しよう。着物を売っているのは呉服屋だと思いがちだが、呉服屋では着物を作るための生地《きじ》（反物《たんもの》）を売っており、客は買った生地を仕立てて着物にする。仕立てを一緒に頼むこともあれば、別に頼むこともあった。店に出向いて買うこともあるが、お得意様になると店の者が見本を持ってやって来る。実際の反物の場合もあれば、「雛形《ひながた》」と呼ばれるカタログ（見本）の場合もあった。雛形には着物にした場合、柄《がら》がどのようになるのか、どんな色合いになるのかが書き込まれていた。

見本を見て商品を決めても、すぐに現物が手に入るわけではない。江戸にある呉服屋は、上方にある呉服屋の江戸支店という位置づけである。上方から客が注文した反物を取り寄せるのに時間がかかる。それを仕立てる時間も必要なので、かなり時間を要した。

庶民には縁がなかった呉服屋（『職人尽絵詞』国立国会図書館蔵）

肝心の値段はこれもピンからキリまであった。ただし、かなり高額のものもあったようで、天和《てんな》三年（一六八三）に触書が出され、小袖の表に使用する反物は銀二十匁（四万円）以上で売買してはいけないとされた。実際には二十両（二百四十万円）、あるいはそれ以上の値で取引されたものもあったのだろう。

庶民でもお祭りの時におそろいであつらえた絞《しぼ》り浴衣《ゆかた》が、芝居の中で三朱三百三十三文（三万三千四百九十円）と紹介されている。数字が三のゾロ目なのはセリフだからだが、実情とはかけ離れていないと思われる。

〈十三〉売薬⬇「反魂丹」七十文（二千百円）　安価で庶民の強い味方

無許可で開業できるため有名人も手を染めていた

江戸時代、医者になるための資格はなかったので、極端な話、思い立ったその日に看板を掲げさえすれば開業することができた。だが、繁盛《はんじょう》するかどうかは別問題で、腕が悪いと評判が立てば廃業せざるを得ない。当時の医者は現在でいう漢方医で、漢方薬を処方して治療をおこなう。こうした町医者に往診してもらうのに金二分（六万円）、さらに遠くから評判の医者を呼ぶ場合は、駕籠代が別途必要となる。駕籠代は二里（約八キロメートル）で一両（十二万円）であったという。医者に診《み》てもらい薬をもらうのだが、これが三日分で金一分（三万円）、七日分で金二分。裕福な商人の中には、将軍を診察する御典医に往診を頼む者もいたが、御典医にもランクがあり、低い者でも診察料が四両（四十八万円）かかったそうだ。

これだけ高額だと庶民は医者にかかることができない。そこで、八代将軍吉宗《よしむね》の時代に町医者の小川笙船《おがわしょうせん》（山本周五郎の小説に登場する「赤ひげ先生」のモデル）が目安箱《めやすばこ》に投書して、小石川養生所《こいしかわようじょうしょ》（文京区）という金がない者が医者に診てもらえる施設が設置された。

他方、町中では様々な種類の薬が売られた。庶民はこうした薬を用途に合わせて買っていた。こちらも医者と同様、作ったり、売ったりするのに免許はいらなかった。新選組副長の土方歳三《ひじかたとしぞう》も一時期、家に伝わる石田散薬という打ち身などに効《き》く薬を売っていた。また、『南総里見八犬伝《なんそうさとみはっけんでん》』で知られる曲亭馬琴《きょくていばきん》も、薬を商っており、婦人病に効くとされる神女湯《しんにょとう》は一包百文（三千円）、同じく婦人病の婦人つぎ虫が一包六十四文（千九百二十円）、胃腸薬の奇応丸《きおうがん》の大包が金二朱（一万五千円）、中包が銀一匁五分（三千円）、小包が銀五分（千円）、熊胆黒丸子《くまのいこくがんし》が一包銀五分。自分の著書の中で宣伝したのでよく売れたという。

さて、江戸時代を代表する売薬といえば越中富山（富山県）の「反魂丹《はんごんたん》」だろう。元禄三年（一六九〇）の末頃、江戸城内で陸奥《むつ》国三春《みはる》藩主秋田輝季《あきたてるすえ》が腹痛で苦しんでいた時、富山藩主の前田正甫《まえだまさとし》が持っていた反魂丹を飲ませたところ治《おさ》まった。これを見て諸大名からその薬を国元で販売してほしいとの声が上がり、富山の薬売りが各地へ出かけていき、今も残る置き薬の販売方法を確立させるきっかけとなった。反魂丹は幕末に七十文（二千百円）であった。

〈十四〉寺子屋⬇入学金一朱（七千五百円）授業料はケースバイケース

六、七歳頃に入学し、卒業は本人都合

寺子屋《てらこや》とは大坂や京の言葉で、江戸では「手習い」や「書道指南」というのが一般的であった。将来、商家に奉公に行くにしても、職人の見習いとして親方につくにしても、読み書きはできた方がよい。女子の場合、読み書きのほかに裁縫も習い、武家屋敷に行儀見習いとして上がると、良縁に恵まれるとされていた。武家屋敷に上がる際には、読み書きだけでなく、唄や踊り、三味線《しゃみせん》、琴《こと》など芸事の実技試験もあり、彼女たちは、稽古事の師匠のもとに通い、腕を磨いたという。

今のように指定された年から学校に通わなければならないとの決まりはなかったが、たいていは六、七歳頃になると、寺子屋に通い始めた。

通うにあたり、父母らは事前に師匠に相談し、許可されたら通う子どもを連れていく。束脩《そくしゅう》（入学金）は普通一朱（七千五百円）か二朱（一万五千円）で、大きな商家では一分（三

万円）を持たせることもあった。このほか一緒に勉強する子どもたちに配る煎餅《せんべい》なども用意する。お金がなくて束脩が払えなくとも、この菓子は用意しなければならない。月謝はまちまちで、取るところは二百文（六千円）くらい。月謝として取らなくとも、五節句の時に二百文から三百文（九千円）、中には一朱を受け取るところもあった。

そのほか夏の初めに畳代《たたみだい》として二百文から三百文、冬には炭代、暖房費として二百文から三百文、盆と暮れには金銭のほか、現物（野菜、餅《もち》）による付け届けをした地域もあった。毎月二十五日は学問の神様である菅原道真《すがわらのみちざね》こと天神様の日なので二十四文（七百二十円）を持って行き、それで菓子を買って天神様にお供えし、そのおさがりをみんなで分けた。

授業は朝の五ツ（八時頃）に始まって昼の八ツ（二時頃）までが一般的であった。今のように土曜・日曜日の休みはない。授業の内容は、読み書きが中心で、庶民の場合は『往来物《おうらいもの》』という教科書が使われていた。ほかに師匠が書いた手本に従って字を書き、清書をして師匠に見せる。また算盤《そろばん》も習った。

一人一人のスピードに合わせて進むので、落ちこぼれることはない。どこまでできたら卒業という規則はなく、本人の都合で決まった。

〈十五〉臨時の奉公人➡一人百文（三千円）　家禄に応じて奉公人の人数が決まる

財政難により臨時の奉公人を雇う

武士は軍人である。主君のため、有事には駆けつけなければならない。だが、駆けつける際には自分一人ではなく、家来を連れて行くことになっており、人数は家禄によって決められていた。

平和な時代、武士は官僚の仕事をしたが、それでも登城《とじょう》の際には軍役《ぐんやく》によって決められた人数の家来を引き連れていかなければならない。「うちは貧乏なので」との言いわけは通用しなかった。たとえば、百石だと槍持ちと中間《ちゅうげん》の二人が必要で、石高が増えれば、着替えが入った挟箱《はさみばこ》と呼ばれる箱を担ぐ挟箱持ちや、甲冑《かっちゅう》を持ち運ぶ甲冑持ちなどが増え、二百石以上になると馬に乗れるようにもなるので、馬の口に付けた縄を引く口取りも必要となった。これは幕臣だけでなく、大名も同様であった。

武士は、そのための家臣を雇用しておかなければならない。武家屋敷が広いのも家臣を住まわせる長屋が必要だったからだ。しかし、それでも家計が苦しくなると、規定の人数の家臣を常時雇っておくことができず、登城の時には、たとえば隣家の中間を借り受けて即席の家臣に仕立てた。江戸時代の武士はポスト不足で、一つの役職を二〜三人でワークシェアしていたから、人を融通《ゆうずう》し合うことも可能だった。大名や旗本が総登城しなければならない場合は、正月などに限られていたからだ。

それでもどうしても従者の手配がつかない時には口入屋《くちいれや》という、現在の人材派遣会社のようなところに頼んで手配してもらう。この口入屋、商家の下働きにも人を派遣するが、一番のお得意様は各大名家であった。

参勤交代で江戸に入って来る時や、行事で江戸城に登城する時には、口入屋に頼んで大名行列を整えてもらう。たとえば、行列の先頭を行く奴《やっこ》は背の高い人がいい、あるいは殿様の駕籠を担ぐ六尺《ろくしゃく》は色白でそろえてほしいといった細かい注文にも応じた。武家に仕える者には武家のルールを教えて、トラブルがないようにした。口入屋から臨時の奉公人を雇い入れる場合、普段は百文（三千円）程度であった。先述したが、正月は大名も幕臣もすべて登城しなければならず、口入屋も派遣する人数が足りなくなり、二百文（六千円）と普段の倍の値段で派遣を請《う》け負った。

コラム

武士がつけた家計のやりくり

江戸時代の家計のやりくりといえば、歴史学者の磯田道史氏の著書『武士の家計簿』が有名だ。これは加賀藩の「算用者《さんようもの》」という会計の仕事についていた藩士がつけていた家計のやりくりである。これほどのものではないが、今でいう「小遣《こづか》い帳」をつけていた武士もいた。

紀州藩士の酒井伴四郎が幕末に江戸勤番を命じられて江戸で生活していた時の記録を克明《こくめい》に残しているが、この中には、何にいくら使ったのかが、詳細に記されている。

厳密にいえば武士ではないのだが、武士の家に生まれ、若い頃には武家に用人として務めていた曲亭馬琴も、細かい日記を残しており、この中に金の出入りが記録されている。ほかにも武士が家計をやりくりしていた資料は残っている。

貨幣が武士の世界だけでなく、商人や江戸以外の農村などに広まっていくと、武士以外の人々も金の出入りを記録した。こうした記録が現代に伝わり、本書を作る元データの一つとなっている。

第二章　江戸のお勘定【食事篇】

〈一〉江戸の食料事情➡現在の日本の食事スタイルがこの時代に確立

明暦《めいれき》三年（一六五七）に起こった明暦の大火によって、徳川家康・秀忠《ひでただ》・家光《いえみつ》という三代にわたって造られた江戸の町は、灰燼《かいじん》に帰してしまった。復興のために数多くの大工や左官などの職人が江戸に入り、これによって江戸の町が新しく生まれ変わった。この時に職人たちが多数江戸に流入したことによって、食習慣が変わり、現在の日本食や日本人の食事スタイルが確立されるきっかけとなる。

それまで食事は朝と夕の一日二食であったが、肉体労働に従事する職人は二食では足りず、もう一食を食べるようになり、一日三食に定着したのが、この頃とされている。

江戸には復興のために集められた職人だけでなく、参勤交代で大名に付き従って来た諸藩の藩士など、単身男性が大勢住んでいた。また、江戸に来ればなんとかなるだろうと、地方からやって来る者も多かった。元手がなくても稼げる仕事もあったからだ。彼らの食事は自炊が基本であったが、一人だと自分で料理をするよりも外で食事したり、出来合《できあ》いを買ったりする。必然、一膳めし屋や屋台などの外食産業が盛んになる。彼ら江戸市民の胃袋を満たすために供された、煎茶《せんちゃ》やほうじ茶で炊いたご飯「奈良茶飯」が江戸の外食産業の嚆矢《こうし》とされている。江戸後期の屋台からは、握りずし、てんぷらなど今日の日本を代表する料理も生まれた。また、そばや日本酒も江戸時代、現代に伝わるスタイルが確立された。

東海道川崎宿の名物だった奈良茶飯（『江戸名所図会』国立国会図書館蔵）

町人は日銭《ひぜに》を稼ぐ仕事が多く、まさに宵越《よいご》しのお金を持たなかったため、たとえば飴玉《あめだま》やゆで卵は一個と少量で買うことができた。味噌《みそ》や醤油《しょうゆ》といった調味料も必要な分だけの購入が可能だった。こうした小売りをする商人は、商品を振り分け棒にくくりつけ、かけ声をかけながら町中を売り歩いた。買う方が一声かければ、すぐに商品を持って駆けつける。彼らを棒手《ぼて》振《ふ》りというが、毎日決まったルートをほぼ同じ時間に通るので、「○○屋さんが来たからお昼にしよう」などと、時計代わりにすることもあったといわれる。江戸の人々は家にいながら、いろいろな食べものを手頃な値段で手に入れることができたのである。

〈二〉米➡一升四合百文（三千円）　飢饉の時には米価が高騰

江戸の人々が好んだ白米が生んだ奇病

江戸では、不思議な病気が流行《はや》っていた。まだ若いのに足元がおぼつかなくなったり、ひどい倦怠感《けんたいかん》に襲われて寝込んでしまったりする病気で、心臓の発作《ほっさ》で命を落としてしまうこともあった。

これはビタミンB_1が不足することで起きる脚気《かっけ》である。江戸から郊外へ移るとすぐに回復することもあったことから「江戸患《わずら》い」とも呼ばれていた。第十四代将軍の徳川家茂《いえもち》とその妻の和宮《かずのみや》の命を奪った病《やまい》でもある。

江戸の人々は少しのおかずで大量の白米を食べるので、これが原因だといわれている。米ぬかにはビタミンB_1が含まれているので、ぬかがついたままの玄米であれば、脚気にはかからないのだが、味が悪い。そこで、おいしい白米を食べるために、都市部には舂米屋《つきごめや》といって玄米《げんまい》を精米する仕事があった。ここで米ぬかなどを徹底的に落とした真っ白な米を、江戸庶民は食べていたのだ。江戸に出てきている人の中には、白米を食べることに憧《あこが》れを抱いた人も多かった。

江戸庶民の多くは日銭を稼ぐ商売人や職人である。そうなると、一度に多くの米を買うことはできない。そこで百文分（三千円）の米が盛んに買われた。米は農産物だから、豊作の年もあれば凶作の時もある。たとえば、享保《きようほう》十七年（一七三二）には百文で一升四合であったのが、翌年の十八年には一升二合とわずか一年で二合も減ってしまった。ところが、宝暦《ほうれき》二年（一七五二）には百文で三升と増えている。

その後、江戸時代の最大の飢饉《ききん》といわれる天明《てんめい》の大飢饉の頃は、月によって異なるが、一番高い月には、百文で三合しか買うことができなかった。ちなみに江戸時代の扶持米《ふちまい》の計算だと一人一日五合食べることになっていた。豊作の年には百文で六日分買えたものが、わずか一日分にも足りなくなってしまっては、「米価を下げろ」「蔵を開けろ」と騒ぎを起こすのも無理はない。

ちなみに、江戸時代は、新米は人気がなかった。新米は水分を多く含んでいるので、水を入れて炊いても増えた感じがしない。ところが、古米は乾燥しているので水を吸うとかさが増える。これをお得と感じるため、新米より古米の方が人々に喜ばれた。

〈三〉そば⬇一杯十六文（四百八十円） 二八そばはお代から？

盛りは江戸独特の食べ方

江戸を代表する食べものといえば、そばであろう。上方《かみがた》はうどんで、江戸っ子はそばが好きとされる。江戸でも初期にはうどんが食べられていたが、だんだんとそばが優勢になったようだ。江戸の社会・風俗を描いた『反古染《ほごぞめ》』という本によれば、享保年間（一七一六〜三六）頃は、うんどん（うどん）や麦切《むぎきり》（大麦の粉で作った細切りのうどんのようなもの）、船切《ふなぎり》（ゆでていない麺を盛ったもの）を菓子屋から取り寄せていた。

そばも当初は固まりを食べたが、うんどんや麦切のように麺状に切るようになり、それを蒸したものを「そばぎり」といい、猪口《ちよこ》に入れた汁につけて食べていた。この汁は「たれみそ」と呼ばれるもので、味噌に水を入れ、布袋でこしたものであった。現在でもそばがせいろに盛って出てくるのは蒸していた時の名残《なごり》といわれる。

なお、このそばをせいろの上に盛って出すのは上方にはなかったようで、幕末に紀州（和歌山県）の医師が残した『江戸自慢』には、江戸で蕎麦屋に入ると、「盛り」か「かけ」かと聞かれ、すぐに返事をしなければならないとある。かけはそばを鉢《はち》に入れて汁をかけたもの。盛りはそばを小さなせいろに盛ってそうめんのように食べるとの説明がある。

また、江戸の人は年末だけではなく、月末にもそばを食べる習慣があった。これには「今月も乗り切りました、新しい月もよろしく」という意味合いがあったようだ。

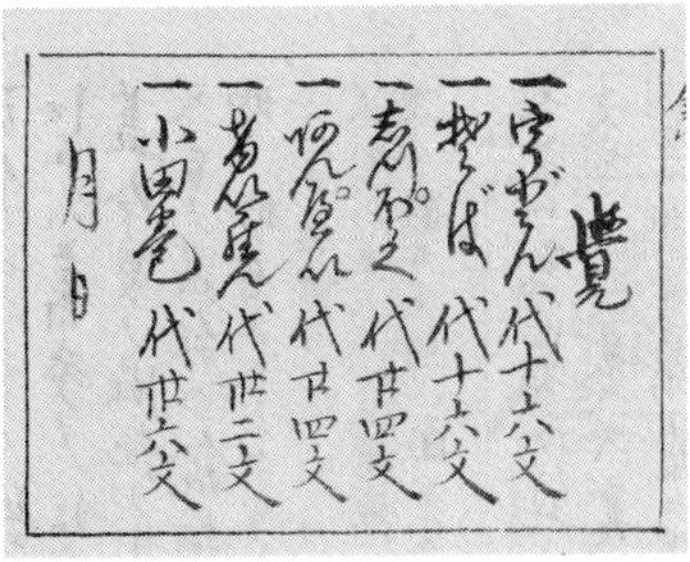

そば屋の品書き（『守貞謾稿』国立国会図書館蔵）

今のような専門店もあったが、庶民はもっぱら屋台でそばを食べていた。屋台なら、かけで十六文（四百八十円）。この安価のそばを「二八そば」といったが、これは値段が二×八＝十六だからという説と、二割がつなぎ粉で八割がそば粉という説の二つがある。

店によっては、かけだけでなく、盛りやたねものと呼ばれる具材が入ったものもあった。たねものは、あんかけが十六文、貝柱が入ったあられが二十四文（七百二十円）、てんぷらがのったそばが三十二文（九百六十円）、浅草のりがのった花巻が二十四文、卵焼きやかまぼこ、くわい、シイタケが具のしっぽくが二十四文だった。

〈四〉すし⬇一つ四文（百二十円）　二つ三つをつまむのが粋

江戸を代表するファストフード

現在、すしといえば、握りずしを指すことが多い。握りずしは江戸で生まれたが、長いすしの歴史の中では新参者だ。すし自体は古代からあった。古代のすしは滋賀県の名物「ふなずし」のように飯の中に魚を漬《つ》け込んで発酵《はっこう》させた保存食で、食べられるようになるまで何年もかかる。江戸時代の初め頃には漬け込む期間を短くした「生熟《なまな》れ」と呼ばれるすしが作られるようになった。

さらに早く食べられるよう飯に酢を混ぜて魚の切り身を飯の上に置き、その上に押し板を置いて押した「押しずし」や「切りずし」が、宝暦《ほうれき》年間（一七五一〜六四）に登場。現在、俗に「大阪ずし」と呼ばれるすしだ。それでも飯と上に乗せる魚の切り身とをなじませるのに時間がかかる。その後、酢を混ぜた飯を笹で巻いて重しを乗せた笹巻《ささまき》ずしができ、文《ぶん》政《せい》年間（一八一八〜三〇）に、握った酢飯の上に魚の切り身を乗せた握りずしが誕生。これだと作ったその場で食べられる。

この握りずしの考案者とされているのが、蔵前の札差《ふださし》板倉屋の手代だった華屋与兵衛《はなやよへえ》。与兵衛は両国回向院《えこういん》前（墨田区）に寿司屋「華屋」を開き、コハダやエビの握りずしを出した。ちなみに令和の世にある同名のファミリーレストランチェーンとは何ら関係はない。

誕生したばかりの頃は、すし屋のほとんどは屋台で、一つ四文（百二十円）から八文（二百四十円）だった。今一番高いネタのマグロの大トロは、当時の人々の口に合わず、捨てられたといい、卵巻き十六文（四百八十円）が一番高いネタだった。江戸のすぐ近くで新鮮な魚が取れても冷蔵技術が発達していなかったため、酢で締めたコハダや、たれで煮たアナゴなど、ネタはすべて腐りにくい工夫が凝らされていた。現在のすしの二倍から三倍くらいの大きさで、たくさん食べるのでなく、二つ三つ、つまむ程度だったらしい。

屋台から始まったが、次第に高級な店も出現した。このため天保《てんぽう》の改革の時には倹約令の処罰となり、手鎖《てぐさり》の刑を受けたすし職人が二百人を超えたという。

天保末期には稲荷《いなり》ずしが江戸で見られるようなった。当時は油あげを切らずに長いまま中に飯を詰め、注文に応じて切り分けた。一本が十六文、半分が八文、四分の一が四文だった。飯の代わりにおからを詰めたものもあったという。

〈五〉ウナギ⬇丼一杯二百文（六千円）　江戸で生まれたうな丼

高級品と庶民向けとがあった

夏の暑さが厳しい土用丑《どようのうし》の日にウナギを食べるようになったのは江戸時代になってから。江戸中期の学者である平賀源内《ひらがげんない》が、ウナギ屋に頼まれてコピーを書いたのがきっかけといわれる。源内はエレキテルという機械を作ったり、西洋絵画を描いたり、マルチな才能を発揮したが、意外なことに歌舞伎の台本も残している。

歌舞伎といえば、ご飯の上にウナギをのせるという食べ方を生み出したのも歌舞伎の関係者であった。江戸時代後期の文化年間（一八〇四～一八）、水戸藩御用達で財を成し、その後、歌舞伎の金主（興行主）をしていた大久保今助《おおくぼいますけ》。彼の好物がウナギで、故郷に帰る途中、船の中でウナギを食べるためご飯の上にウナギの蒲焼《かばやき》をのせたとも、芝居小屋で出前を頼んだ際に、ウナギが冷めないように温かいご飯の上にウナギの蒲焼をのせるよう注文したともいわれる。ウナギを冷めずに食べられるようになったからこそ、ウナギは日本を代表する料理の一つになったといえる。

大きなウナギなら一串。中ぐらいなら二、三串。小さいものは四、五串を一皿にして二百文（六千円）で出していた。どのウナギにも、かならず山椒《さんしょう》が添えられていた。ウナギをどんぶり飯の上に乗せたうな丼は、二百文ほどで、かけそば一杯十六文（四百八十円）からすると、かなりの高級品である。かならず引き割り箸《ばし》という現在の割り箸の先祖がついていた。文政年間（一八一八～三〇）には、江戸で料亭のような立派なウナギ屋が登場。他方、京都や大坂ではウナギの専門店はなく、鯉《こい》や鮒《ふな》などの川魚とともに商なっており、小が銀二匁《もんめ》（四千円）、中が三匁（六千円）であった。

「江戸前」の看板を出す鰻売り
（『職人尽絵詞』国立国会図書館蔵）

高級といえば、神田にあった深川屋ではどんなに金を持っていても馴染《なじ》みの客にしか売らなかった。そのうえ、人を雇わず主人自らが調理するのだが、お眼鏡《めがね》にかなったウナギが手に入らないと何日でも店を休むことで有名だった。

こうした店では、庶民は食べることは難しい。町中では焼きながら一串十六文と、そば一杯と同じ値段で売る店があり、庶民はもっぱらこちらを利用したのである。

〈六〉てんぷら➡一串四文（百二十円）　手軽に食べられた江戸のスナック

天つゆは二度づけ禁止

てんぷらといえば、外国人にも知られる和食を代表するメニューで、高級店では、目玉が飛び出るほど高い。そこまでいかなくても宴会に欠かせないなど、てんぷらは御馳走《ごちそう》のイメージがあるが、もともとは、屋台のメニューだった。

串に刺したネタに小麦粉と水で作った衣をつけて揚げる。串に刺すのは立っていても食べやすくするため。卵は高級品だったので、屋台のてんぷら屋では使用されなかったとされる。てんぷらを揚げるには大量の油が必要で、火事が多かった江戸では、油を火にかけるような危険な調理方法で作る食べものは建物内で商うことが禁止されていた。そこで屋台営業となったのだ。

江戸でてんぷらとして揚げられていたタネは、アナゴ、芝エビ、コハダ、貝柱、スルメで、野菜はてんぷらとはいわず、単に「あげもの」と呼んだ。これらのタネを串に刺し、注文が入ると、その場で揚げて食べさせた。これを壺《つぼ》に入った天つゆと大根おろしにつけて食べる。大阪で人気の串かつと同じように二度づけ禁止。食べ終わった串は回収用の筒に入れる。

油っぽいものが少ない江戸では、油を使った珍しい料理で、しかも一串四文（百二十円）程度と安く、揚げている時のにおいが食欲を刺激するのでついつい買ってしまう人も多かった。当時のてんぷらは今よりも衣が厚かったようで、一、二本食べたら腹も膨《ふく》れた。今でも縁日の屋台でから揚げやさつま揚げを串に刺して売っているが、江戸時代の人にとって、てんぷらはあのようなスナックだったといえる。

江戸のコンビニ飯「てんぷら」（『職人尽絵詞』国立国会図書館蔵）

江戸時代のそば屋のメニューにてんぷらそばがあるが、おそらく初めは、そば屋の屋台とてんぷらの屋台が並んでいて、隣で買ったてんぷらをそばの上にのせていたと思われる。のちに、料亭でもてんぷらが出されるようになるなど、次第に高級化し、庶民の口には入らない高額の天ぷら屋も出現した。

〈七〉カツオ➡一本二百五十文（七千五百円）　高いのは初物とされる一時期だけ

あまりの熱狂ぶりに解禁日が定められる

江戸の人は、「初物《はつもの》」が大好きだった。人よりも早く旬《しゅん》の味を口にしたい、食べたことを自慢したいと考え、「初物は七十五日寿命が延びる」といってありがたがった。対象になったのは、ウリ、ナス、インゲン、ササゲなどで、室《むろ》の中で炭団《たどん》をたいて、年中栽培していた。今でいうハウス栽培である。こうした促成栽培した野菜を、「モヤシもの」といった。初物を競って食べることがあまりに加熱化したため、幕府は初物の売買を禁止したが守られず、結局、解禁日が設けられた。

中でも江戸っ子が誰よりも先に食べたかったのが初ガツオであった。カツオは「勝魚」とも書き、これを加工した鰹節《かつおぶし》を「勝男武士」と書くこともあって、縁起がいいと武士の多い江戸では人気があった。その熱狂ぶりは「女房を質に入れても初ガツオ」といわれたほどで、今ならば大問題になりそうな戯《ざ》れ歌《うた》である。江戸っ子たちは、味よりも、「誰よりも先に食べた」ということを自慢したかったようだ。

記録によれば、文化九年（一八一二）三月というから今の四月頃に日本橋（中央区）の魚河岸に入った十七本の初ガツオのうち、六本を十一代将軍の家斉《いえなり》に献上。江戸で評判の高級料亭の八百善《やおぜん》が三本を二両一分（二十七万円）で買い、魚屋に渡った八本のうち一本を歌舞伎役者の中村歌右衛門が三両（三十六万円）で買って役者仲間にふるまったといわれる。この時の歌右衛門は、名優として名高い三代目歌右衛門で、もともと大坂の役者であったが、当時は江戸に下っていた。自分の名前を売るために江戸っ子が大好きだった初ガツオを高額で買ったともいわれる。

江戸っ子が驚喜した初ガツオ（『ちりめん絵』国立国会図書館蔵）

カツオは、刺身にして酢味噌にからしを混ぜたものにつけて食べるのが江戸風であった。ちなみに、古いものを食べて食あたりを起こしたら枇杷《びわ》の葉や桜の皮が効《き》くとされた。

実は、カツオが高値なのは旧暦四月の初ガツオの時期だけで、漁の最盛期には一本が二百五十文（七千五百円）と、庶民でも手が出せる値段に下がった。

〈八〉マグロ⬇半身八十文（二千四百円）　安くしても売れずに捨てられる

大量に出回って「すしねた」になる

それって車の値段？　日本近海で取れた本マグロが年の初めの初競《はつせ》りで一本一千万円以上の値がついたという話題がニュースになる今の時代。日本人のマグロ好きは有名だが、このまま行くとマグロが枯渇《こかつ》するので、何とかならないかと養殖実験がおこなわれているほどである。

だが、日本人がマグロ好きになったのは近年のこと。江戸の人々はさっぱりしたものが好きで、油っぽいマグロはどうも口に合わなかったようだ。「マグロを食べた」ということは、恥ずかしくて大声ではいえなかったらしい。

ちなみに、マグロは一本百キロ以上になる巨大な魚で、一度取れると大量に出回ることになる。だが、需要がないのだから安く買い叩かれる運命にある。それでも売れない時には捨てられることもあったそうで、今ではとても考えられない不人気ぶりだった。

江戸時代を代表する読本《よみほん》（小説）の作者として知られる曲亭馬琴《きょくていばきん》は、大変なメモ魔で、その日食べたものや買ったものの記録をつけていた。それによると、天保三年（一八三二）、マグロが大量に取れ、値崩れを起こす。七十センチほどのマグロが一本二百文（六千円）だったのを片身八十文（二千四百円）に負けてもらって食べたという。馬琴がこのマグロをどのように食べたかはわからないが、江戸で人気だったのが「ねぎま」という料理で、マグロとねぎを鍋で甘辛く煮付ける。それを肴《さかな》に熱燗《あつかん》で一杯と考えると、江戸の人でなくとも生唾《なまつば》がわいてきそうだ。安くて体が温まる庶民の冬のおかずだったが、昨今はマグロが高くて、そんな贅沢《ぜいたく》な食べ方はできない。

マグロを担いだ魚売り（『日本橋魚市繁栄図』国立国会図書館蔵）

また、この時のマグロの大量流通が、江戸で生まれた握りずしにネタとして使用されるきっかけとなった。ただし、現在のように大トロにワサビをつけて酢飯の上に乗せたりはしなかった。当時、冷蔵保存方法が発達していなかったため、日持ちがするように、さらに油っぽさを取り除くべく、醤油につけた「漬《づ》け」にしてから酢飯の上にのせた。

〈九〉豆腐・納豆➡一丁六十文（千八百円） 半分や四分の一でも購入可能

レシピ本が大流行

豆腐は、今でも食卓に上ることが多いが、江戸時代も人気の食材であった。『守貞謾稿《もりさだまんこう》』の「豆腐売り」の項によると、一丁だいたい、五十六文（千六百八十円）から六十文（千八百円）。そばが一杯十六文（四百八十円）の時代から考えると、豆腐は超高級品だった。ただし、江戸の豆腐は大きかったようで、半分や四分の一に切って買うことができた。一方、京都で作られていた豆腐は小さく、一つ十二文（三百六十円）と切り分けては売らなかった。なお豆腐から作られる焼き豆腐と油あげは、ともに五文（百五十円）だった。

買った豆腐は、湯豆腐や田楽《でんがく》にして食べていた。湯豆腐は冬の食べものというイメージが強いが、江戸時代には一年中食されたようだ。容器の中に水を入れずに持ち運んでも形が崩れないほど、当時の豆腐は硬かったから、田楽も作りやすい。田楽は串を二本刺すことが多く、そこから武士のことを揶揄《やゆ》して「焼き豆腐」とも言った。

豆腐の行商人（『和国諸職絵つくし』国立国会図書館蔵）

食べ方が豊富なのも、豆腐が人気の秘密だったかもしれない。百通りの豆腐料理のレシピを紹介した『豆腐百珍《ひゃくちん》』という本が、天明《てんめい》二年（一七八二）に出版されると、またたく間に大ベストセラーとなった。その後、続編の『豆腐百珍続編』や、さつま芋《いも》や卵の料理を紹介した『甘藷《かんしょ》百珍』や『卵百珍』などの類書も作られたが、こちらはそれほど売れなかった。

炊きたてのご飯に、豆腐の味噌汁と納豆。江戸っ子の朝食の典型的な例だ。江戸では朝に飯を炊く習慣があった。納豆は冷ご飯よりも炊き立てのご飯の方がおいしいので、江戸の町では朝一番に納豆を売りに来る。江戸時代の早い時期には冬だけだったというが、幕末の頃には一年中売りに来たようだ。一つ四文（百二十円）の納豆は、ご飯にかけるだけでなく、江戸時代の料理書『料理物語』によると、叩《たた》いて味噌汁の具にもしたとある。自分で叩いてもいいが、すぐに味噌汁の具になるよう、叩いたものも売っていた。手間がかかる分、倍の八文（二百四十円）だった。

〈十〉獣肉⬇小鍋五十文（千五百円）　薬食いとしてこっそり食べる

どうしても食べたい人のためのお札もあった

江戸時代、獣の肉は食べなかったといわれるが、それは間違い。福沢諭吉などを輩出した大坂の適塾《てきじゅく》では、獣肉《しし》の鍋を好んで食べていたという。ただし、獣の肉を食べることをおおっぴらにするのは、あまり好ましくないとされており、塾生たちは「貧乏だから獣肉を食べる」といわれていたようだ。また、最後の将軍徳川慶喜《よしのぶ》も豚が好きだったそうだ。彼は豚を食べる一橋《ひとつばし》家の当主様を縮めて「豚一様《ぶたいちさま》」と呼ばれていた。周りの人に陰口を叩かれても獣肉を食べたいという人はいて、その人たちのために諏訪《すわ》大社では「鹿食免《かじきめん》」というお札《ふだ》を出している。これを持っていると鹿やイノシシなどを食べても罰せられないという一種の免罪符だった。

どうして獣肉を食べることが禁忌《きんき》にされたかというと、天武《てんむ》天皇が獣肉を食べることを禁止したからだ（天武天皇四年〈六七五〉）。以降、獣肉は病気の時に薬としてしか食べることが許されなくなったという。そのため世間では肉を薬食というようになった。
だが、天保三年（一八三二）に書かれた『江戸繁盛記』によると、かつて獣肉屋は江戸では麹町《こうじまち》（千代田区）に一軒しかなかったが、天保（一八三〇～四四）の頃から獣肉を食べる人が増え、江戸では数えられないほど多くの店ができたという。こうした店のことを「ももんじ屋」と呼んだ。ももんじ屋の看板には落楓《かえで》と紅葉《もみじ》を描くのが普通で、イノシシは山《やま》鯨《くじら》、鹿は紅葉といった。獣肉を食べることをおおっぴらにしないための工夫で、京都では鯨肉をおばけといった。

獣肉の食べ方は、ねぎと一緒に鍋で煮る。上戸《じょうご》は酒と、下戸《げこ》はご飯とともに食べた。鍋の値段は小が五十文（千五百円）、中が百文（三千円）、大が二百文（六千円）。煮込みや吸い物は一膳十六文（四百八十円）だった。

かつては安かった獣肉であるが、幕末には人気が出て高騰《こうとう》し、ウナギと同等になったという。慶応《けいおう》二年（一八六六）には牛鍋を食べさせる店もできた。

「山くじら」の看板（『名所江戸百景』国立国会図書館蔵）

〈十二〉居酒屋⬇田楽一本二文（六十円） 酒屋の立ち飲みから始まる

仕事帰りのちょっとした楽しみ

仕事帰りに軽く一杯引っかけるのが楽しみ、という人は多いだろう。一人暮らしならばなおさらだ。

江戸では、日雇い、棒手振りなど、手に技術や経験がなくてもすぐに始められる仕事があり、貯蓄できるほどのゆとりはないものの、まじめに働いてさえいれば、男性の一人暮らしの場合、酒を飲むぐらいの金は捻出《ねんしゅつ》できる。仕事帰りに、ちょっと一杯という需要も多かった。

居酒屋らしいものができたのは、神田《かんだ》鎌倉河岸《かまくらがし》（千代田区）の豊島屋《としまや》が最初といわれる。鎌倉河岸は、江戸城築城の時に鎌倉からの石を荷揚げしたところからその名がついた。江戸城築城後も、多くの物資がここから荷揚げされ、水運関係の労働者の多い場所でもあった。豊島屋ではこうした客に試飲をさせながら酒を売っていた。やがて、豊島屋では客の求めに応じて酒を量《はか》り売りし、その場で売った酒を飲ませるようになった。そのうちに酒のつまみとして田楽を売り出したところ、ほかの店よりも大きいことから人気になったという。豊島屋名物の田楽は一本二文（六十円）だった。今でも、下町の古い酒屋などでは店先で缶詰や乾き物を肴《さかな》にちょっと一杯と、立ち飲みで酒を楽しむ人がいるが、おそらくこのような感じだったのだろう。

ちなみにこの豊島屋、当時は三月三日の桃の節句には欠かせない白酒の名店として有名だった。二月二十五日の売り出しには、徹夜で並ぶ客が多く出る始末で、その様子が『東都名所図会』にも描かれている。

酒屋で飲むことが流行《はや》ると、煮売り屋という総菜を売る店でも、総菜とともに酒を飲ませるようになった。それがやがて酒肴《しゅこう》と飯に分かれ、簡便な食事を出す店を一膳めし屋、酒肴を中心とした店を居酒屋と呼んで区別するようになった。居酒屋の方は入り口に縄のれんをかけていたため、単に縄のれんと呼ばれるようになった。

このような江戸時代の居酒屋には、現在の居酒屋のように椅子《いす》とテーブルがあるわけではない。縁台に座り、自分の脇に酒と肴を置いて飲む。無理な格好で飲むことになるからそんなに長居はできなかった。

〈十二〉酒⬇一升百三十二文（三千九百六十円）　今の酒は江戸時代に誕生した

船で上方から運ばれた

米から作られる日本酒は日本独自のものであるが、最近は「サキ」といって外国でも人気がある。現在の日本酒が作られるようになったのは、江戸時代である。醸造中に灰汁《あく》を入れて発酵が進むのを防いで、酒が酸っぱくならないようにし、最後に火を入れて保存性を高めた。十八世紀に水車を使うことによって精米度が向上し、さらにおいしい日本酒を作ることが可能となった。

こうした技術は上方で生まれたため、当時は灘《なだ》や池田、伊丹《いたみ》、西宮《にしのみや》といった現在の兵庫県内が、銘酒の産地として知られていた。この地域は水がおいしく、今でも「六甲《ろっこう》」という地名を冠《かん》したミネラルウオーターが売られている。上方の酒は、作られた直後は辛《から》いが、船に乗せて江戸にやってくるとまろやかになるといい、富士山沖を通ってくることから「富士見酒」とも呼ばれた。

元禄年間（一六八八～一七〇四）には上方から二十一万石の酒が入ってきていたという。当時の人口を七十万人とすると一人あたり年間五十四リットルも飲んでいたことになる。一升瓶に直すと三十本だか、七十万人には子どもや下戸も含まれるから、それを省いたとすると江戸の人々はかなりの量を飲んでいたわけだ。

江戸時代、京都や上方に行くことを上《のぼ》るといい、江戸に行くことは下《くだ》るという。今と逆である。上方から江戸にやって来るものを下り物といい、江戸では下り物を高級品としてありがたがった。今日でもつまらないものや大したことがないものを「下らない」というが、その由来は下り物にあるといわれている。

　さて、酒の値段は、幕臣で狂歌師・戯作者の大田《おおた》南畝《なんぽ》の記録によれば、天明四年（一七八四）以降、一升百二十四文（三千七百二十円）から百三十二文（三千九百六十円）が定価だったが、よくないものなら八十文（二千四百円）や百文（三千円）。幕末の万延《まんえん》年間（一八六〇～六一）には、上酒が一合四十文（千二百円）とかなり安くなった。

伊丹での酒造り（『日本山海名産図会』国立公文書館）

〈十三〉枝豆➡一回分三十文（九百円）　生活に困った人が売り子

買ってすぐに食べられた

近年、インターネットで注文を受けて料理を届けたり、ネットスーパーと称してスーパーマーケットで販売しているものを配達するサービスが人気のようだ。

しかし、江戸の町はそれより便利だったかもしれない。いちいち注文しなくても商品を持った商人が家の前まで売りに来てくれるからだ。

江戸では朝ごはんを炊いて、朝、昼、晩と食べる。だから朝食に間に合うように、アサリやシジミ、納豆など炊き立てのご飯に合うようなものを売りに来る。そのほか、豆腐、油揚げ、鮮魚、野菜といった素材、味噌、醬油、塩などの調味料、飴細工《あめざいく》など子ども向けの駄菓子、初ガツオやところてんなど季節の味覚も楽しめた。

万治《まんじ》二年（一六五九）四月に、こうした行商人たちに対して鑑札を必要なものと不要なものに分ける町触《まちぶれ》が出されたが、このうち食品関係はほとんど鑑札を必要なしとした。具体的には、たばこ、魚、季節の果物など計十二品。ちなみにこれらの商品を商ってよいとされたのは、五十歳以上と十五歳以下の者に身体の不自由な人。当時、五十歳は高齢者とされていたから、社会的な弱者たちの救済措置という意味もあったといわれる。

この鑑札を必要としない中に枝豆の行商人があった。夏の夜の商売で、生活に困った人が売ったという。

京都や大坂では「湯出さや、湯出さや」という売り声で、ゆでて豆を枝から外して鞘《さや》の状態で売っており、買ってすぐに食べることができた。このため鞘豆《さやまめ》といい、豆が入った籠《かご》を肩に担いで売っていた。

江戸のゆで枝豆売り（『守貞謾稿』国立国会図書館蔵）

一方、江戸では「枝豆や、枝豆」といい、枝に豆がついた状態で豆が入った籠を脇に抱えていた。売り手は男性も女性もいたが、江戸では女性が多かったという。

分量は不明であるが、一回分を三十文（九百円）で買ったという記録もあり、今から考えるとずいぶんと高い食べものであった。

〈十四〉卵⬇ 一個二十文（六百円） ゆで卵は吉原でよく売れた

庶民には買えない高級品

卵が「物価の優等生」といつからいわれるようになったかわからないが、たしかに値段があまり変動しない。そのうえ、人間の体内で作り出すことができない九種類の必須《ひっす》アミノ酸を含むなど栄養価も高い。かつてはコレステロールを上げる犯人とされたが、それは誤解だったそうだ。

もともと日本では、平安時代の仏教説話集『日本霊異記《にほんりょういき》』などの影響で、卵を食べると悪いことが起こるとか、地獄に落ちるといわれ、表立って食べることはできなかった。そのため卵を食べる習慣はなかったが、戦国時代の南蛮貿易で、カステラやボーロなど卵を使用した菓子が入ってきた影響で、卵を食べるようになったという。一般に広まったのは、文政（一八一八〜三〇）から天保（一八三〇〜四四）にかけての頃とされる。

卵を食べることが一般に広まったとはいえ、現在のように複数個入ったパック売りではなく、ばら売りだった。行商人が籠に卵を入れて売り歩くが、生卵を売る人は生卵だけ、ゆで卵を売る人はゆで卵だけだった。どちらも一つ二十文（六百円）で、「たあまごー」や「ゆで卵」とかけ声をかけた。ちなみにゆで卵売りという商売は京都や大坂にはなく江戸だけ。とくに吉原で、よく売られていたという。

卵が高かったから、卵をたくさん使った卵焼きは高級料理であった。卵焼きで有名だったのが、現在の東京都北区の王子にあった扇屋《おうぎや》で、江戸の有名な高級料亭の一つに数えられていた。当時の王子は、不動の滝や飛鳥山《あすかやま》といった風光明媚《ふうこうめいび》な場所がある観光名所。滝や川があるため涼しく江戸の人々にとって手っ取り早い避暑地だった。

声をかけて練り歩く卵売り（『職人尽絵詞』国立国会図書館蔵）

扇屋の名物の卵焼きは、卵をたくさん使った丸い大きな卵焼き。この卵焼きは今でも買うことができる。現代人の味覚からするとかなり甘く、酒の肴やご飯のおかずというよりもお菓子に近い。砂糖も高かったから、高級品を組み合わせた卵焼きは、江戸の庶民にとっては憧《あこが》れの味であった。

〈十五〉冷や水⬇一杯四文（百二十円）　しゃれた器で見た目も涼しく

白玉などのトッピングも可能

江戸の町中には武家地と町人地を問わず、水を供給するために水道が張り巡っていた。ただし、大川と呼ばれた隅田川の西側の地区と東側の町地は事情が違う。

東側は江戸幕府が開かれた頃は、江戸ではなく、開発が本格化したのは、江戸が焼け野原になった明暦三年（一六五七）の明暦の大火後。この開発に合わせて万治《まんじ》二年（一六五九）に亀有《かめあり》上水の開削が始まった。苦労して敷設された水道のはずが、享保七年（一七二二）に突然廃止されてしまう。八代将軍の吉宗が重用した儒学者の室鳩《むろきゅうそう》巣の具申があったというが、真相は藪《やぶ》の中である。

このため、亀有上水を利用していた人は、神田上水や玉川上水の水道尻と呼ばれていた上水の最末端から堀に流れ落ちる水を汲んで売りに来る水売りから水を買うようになった。一荷というから、人が天秤棒で前後に樽《たる》をつけて一度に運べる量で四文（百二十円）だったらしい。

江戸にはもう一つ、水を売る行商人がいた。行商だけではなく、屋台の前に二つ、三つの腰かけを置いて売る場合もあった。こちらも水売りと呼ばれることもあるが、冷水売り、白玉水とも呼ばれた。夏の暑い時期に「ひゃっこい、ひゃっこい」と言いながら、砂糖入りの水を売りに来る。

当時は製氷技術も冷蔵技術もなかったので、日向《ひなた》水よりも冷たく感じる程度であったが、それでも砂糖が入っているので、渇《かわ》いた喉《のど》にはおいしく感じたようだ。熱中症の予防には、水分だけでなく塩分や糖分も必要なので、熱中症対策にはよかったのだろう。真鍮《しんちゅう》やギヤマン（ガラス）というおしゃれな器《うつわ》で供するのも、人々の購買意欲をそそったのかもしれない。普通は一杯四文だが、別料金を払えば、砂糖の増量や白玉を入れることも可能だった。これとは別に角《つの》樽《だる》のような黒い桶《おけ》を前後に担ぎ、白玉を赤く染めて混ぜたものを二十四文（七百二十円）で売る店もあった。

冷たくはなかった水売りの水（『守貞謾稿』国立国会図書館蔵）

〈十六〉焼き芋⬇一貫目十文（三百円）　安価で腹持ちの良さが人気の秘密

街角で購入できた

近頃ではスーパーでも手軽に買うことができるが、焼《や》き芋《いも》といえば、冬の風物詩。リヤカーや軽トラックで焼き芋売りがやって来た。焼き芋に使われる芋はさつま芋で、七世紀に中国や琉球《りゅうきゅう》を通して九州から日本に伝わったとされている。

しかし、さつま芋が伝わってもなかなか広まらなかった。享保の飢《き》餓《が》の後、大岡越前守《おおおかえちぜんのかみ》配下の学者青木《あおき》昆陽《こんよう》が、荒れた土地でも栽培できるさつま芋のすばらしさを説いた。救荒用の作物としての有効性に目をつけた八代将軍吉宗《よしむね》は、幕府の御薬園《おやくえん》であった小石川薬園内（文京区）に土地を与え、ここで昆陽にさつま芋を作らせた。

その後、種芋が全国に配られて、元文《げんぶん》二年（一七三七）頃には関東近郊に広まっていった。ちなみに、さつま芋という呼び方は、江戸のもので、関西では琉球芋といい、江戸の女性たちはおさつといった。

さつま芋が庶民のおやつとして広まったのは寛政《かんせい》年間（一七八九～一八〇一）頃といわれる。最初は蒸《ふ》かしていたが、その後、焼いた芋になった。

江戸では、各町の番所で売っていた。町の番所とは江戸の町境に設けられた木戸の番人が詰めていた場所のこと。本来ならば町役人たちが番をしなければならないのだが、わずかな賃金で代わりに番をする番太と呼ばれる人を雇っていた。番太は給金が安いので、番所で小商いをすることが黙認されており、焼き芋は番所の人気商品となった。

上方では一貫目（約四キロ）が、六十～七十文（千八百～二千百円）ほどであったが、江戸ではより安く、十文（三百円）くらいで、朝食の代わりになるくらい買えた。シーズン中は、朝六時から午後十時まで焼き芋を焼いても、ひっきりなしに客が訪れるほど人気があった。

「八里半」の看板を掲げる焼き芋店（『東都歳時記』国立国会図書館蔵）

焼き芋屋の看板には「八里半」という文字がよく見られた。八里半とは味が栗に似ていたことから、栗と九里をかけた言葉遊びだった。「丸焼きいも」「〇焼《まる》」という看板を出す店もあった。

〈十七〉団子⬇ 一串四文（百二十円） 一粒一文に実質値上げ

京都・大坂は一串五つで江戸は四つ

だんごというと、串に丸めた餅を数個刺したものというイメージがある。だんごは漢字で書くと「団子《だんご》」。「団」という字は丸いとか、ひと固まりに集まるという意味なので、串に刺していない団子も存在する。

そもそも串に刺した団子は、京都の下鴨《しもがも》神社でおこなわれる御手洗祭《みたらしまつり》に起源があるとされる。祭りの際に神に供えるために作られたものは、一串に五つ刺してあった。一番上に刺すものは、ほかのものよりも少し大きくし、ほかの四つとは少し離す。これは一串の団子を人体に見立ててあり、一番上の粒は頭で、あとの四つは四肢を表わしているからという。今でも下鴨神社の近くではこうした形状の団子を売る店があり、関西では一串五つの団子が多くある。

江戸でも最初は一串五つであったが、明和《めいわ》五年（一七六八）に四文銭ができた時に、一串五つ四文（百二十円）で売っていた団子の粒を一つ減らして、一串四つとしたという。玉一つが一文という計算になる。値段は上がらないが、実質的には値上げとなった。現在も関東の団子は一串四つが大半を占めている。一時期、童謡「団子三兄弟」の影響からか、一串三つの団子が話題となったが、少数派である。

　現在の東京でも、寺社や観光名所の近くで団子を商う店があるが、江戸時代も同様だった。お参りや観光をした後にちょっと一息つくために茶屋に入り、そこにあった団子を頬張《ほおば》ったのだろう。残念ながら、江戸時代の団子の名店は、ほとんどが看板を下ろしてしまった。

菖蒲に模した団子（『近世商賈盡狂歌合』国立国会図書館蔵）

　江戸庶民は、評判になった団子や餅などを食べに出かけた。落語で取り上げられた幾代餅《いくよもち》、助惣焼《すけそうやき》、おてつ牡丹餅《ぼたもち》などあげればきりがない。

　向島《むこうじま》（墨田区）の長命寺のそばにあった桜餅屋は、当時の史料によると、文政七年（一八二四）の一年だけで三十八万七千五百個売れたという。

〈十八〉白砂糖⬇一斤四匁（八千円） 贅沢品から庶民の味へ

砂糖の国産化を命じた吉宗

砂糖が日本に伝わったのは、奈良時代後期の八世紀後半。一説によると、唐の名僧鑑真《がんじん》和《わ》上《じょう》が来日した時に持参したといい、最初は薬だったという。痰《たん》切りや唇の荒れを直す効果があるとされ、そのため、砂糖は薬屋でないと入手できなかったうえ、非常に高価だった。

これが戦国時代になると、布教のために来たポルトガル人たちが、カステラ、ボーロ、コンペイ糖、有平糖《ありへいとう》、カルメイラといった砂糖を大量に使った菓子を日本に紹介、それが人々の間で徐々に広まっていく。これには当時、流行の兆《きざ》しを見せていた茶の湯も大きく影響している。茶にはカフェインが含まれているため、空腹で飲むと胃をやられてしまうこともある。そこで、事前に何か食べものを腹に収めておくが、千《せんの》利休《りきゅう》が出した茶菓子の麩《ふ》焼《やき》は味噌味に砂糖を少し足してあり、人びとが甘味を覚え始めた。元禄年間（一六八八

〜一七〇四）頃には、饅頭《まんじゆう》や餅が茶菓子として用いられるようになった。この頃より砂糖が一般に流通し始めたことも大きな理由かもしれない。

砂糖の極上品を三盆《さんぼん》といい、南蛮船が日本に運んできた砂糖は一般に唐三盆《とうさんぼん》と呼ばれ、太白《たいはく》、出島、雪白《ゆきじろ》などの銘柄のものと氷砂糖があった。これに対して日本で作られた白砂糖は和三盆《わさんぼん》と呼ばれた。また、奄美《あまみ》（鹿児島県）や琉球《りゆうきゆう》（沖縄県）で作られた黒砂糖も市場で流通するようになった。ただし、黒砂糖は白砂糖よりも安い値段で取引されていた。

砂糖の値段は、年によってまちまちだが、享和《きようわ》年間（一八〇一〜〇四）から嘉永《かえい》年間（一八四八〜五四）までは一斤《いつきん》（六百グラム）が、銀四匁（八千円）前後であったが、幕末になると急激に高騰し、慶応《けいおう》元年（一八六五）十二月には一斤銀三十・五匁（六万千円）という高値を記録している。

高騰の理由は、当時の物価高の影響もあったと思われるが、砂糖が菓子以外のものにも多用されるようになったからだ。『守貞謾稿』によれば、そば屋や天ぷら屋、うなぎ屋などで大量に消費されたという。その結果、慶応元年頃には年間約三トン近くの砂糖が消費され、その消費量は寛永《かんえい》年間（一六二四〜四四）の約十四倍、天保年間（一八三〇〜四四）の約二倍であった。

〈十九〉ところてん➡一つ二文（六十円）　今も昔も夏の人気食品

甘党は砂糖をかけて食べた

夏の暑い日の冷たいところてんは、体も心も涼しくなる食べものだ。現在はスーパーやコンビニエンスストアなどで安く買うことができるので、見かけるとつい買ってしまうという人も多いのではないだろうか。麺状になっているものをパックに詰めて売っているが、かつては水の中に入っているブロック状のところてんを天突きという巨大な注射器のような道具で麺状にしてもらって、購入した。江戸時代には、天突きでところてんを突き出す時に空中高く投げ上げて皿でキャッチする芸を披露する行商人もいたという。

ところてんは、テングサという海藻《かいそう》から作られる。テングサは、寒天の原料となる海藻の総称だが、普通は、マクサのこと。温海性の植物なので、房総半島、伊豆半島、伊豆諸島、紀伊半島、能登《のと》半島、佐渡、隠岐《おき》諸島などで取れる。このテングサをきれいに洗って煮た液体を固めたものが、ところてんだ。平安時代の『延喜式《えんぎしき》』の中にその名があるので、古くから食べられていたようだ。

　ちなみに、ところてんの食べ残しを放置していたところ干物のようになり、それを煮溶かし冷ますと元のように固まった。元のものと違って無色無臭でよりおいしくなった。この干物のようなものが、現在、寒天と呼ばれているものである。このように、寒天とところてんは近い関係にあるため、ところてんも「かんてん」と称して売られることがあった。

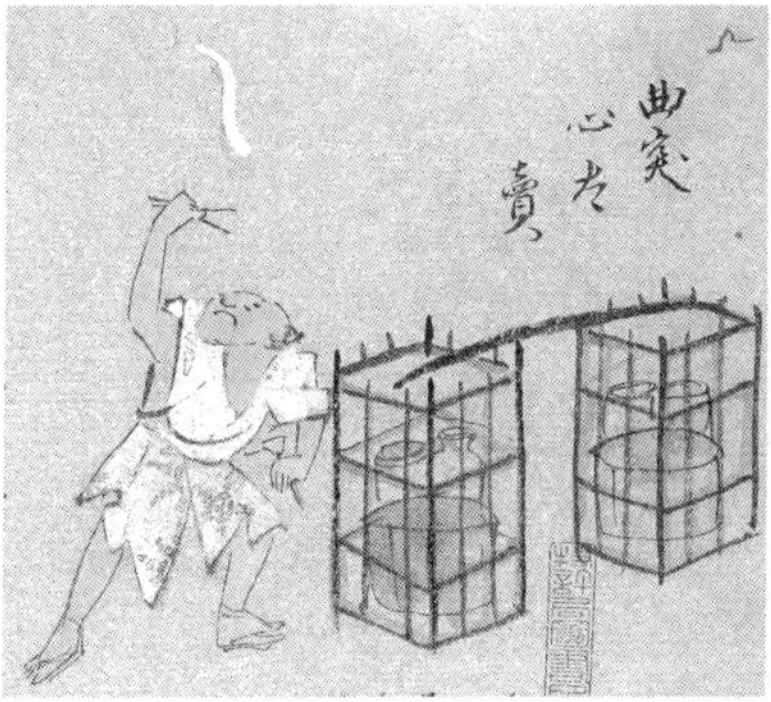
曲芸をするところてん売り（『近世流行商人狂歌絵図』国立国会図書館蔵）

　江戸時代も、ところてんは夏の食べもの。行商人が売りにやって来る。京都と大坂では水にさらしたところてんを水飩《すいとん》といった。ところてんは一つ一文（三十円）、水飩は一つ二文（六十円）。買った後で砂糖をかけて食べる。
　江戸では一つ二文。白砂糖や醤油をかける。醤油をかけるのは江戸だけで上方では使わないという。甘味処《かんみどころ》で、なぜ甘くないところてんを売っているのか不思議に思う人もいるだろうが、どうやら元々は甘くして食べていたようだ。

〈二十〉甘酒➡一杯八文（二百四十円）　手軽に楽しめた健康飲料

暑い夏にあえて熱い甘酒を楽しんだ

近年、健康によいからと甘酒が流行《はや》り、一年中スーパーなどで購入できるようになった。最近流行っているのは、甘酒といっても日本酒を作る時に出る酒かすを溶かしたものではなく、米に麹《こうじ》を加えて作った発酵食品の方だ。米をもち米にすると甘味が増すという。

この甘酒はビタミンB_1、ビタミンB_2、ビタミンB_6、葉酸、食物繊維、オリゴ糖、システイン、アルギニン、グルタミンなどのアミノ酸にブドウ糖が含まれており、栄養価が高いので、夏の暑さにバテた体の栄養補給にはぴったりとされる。夏に熱い甘酒はどうもという人には、氷を入れたり、シロップ代わりにかき氷にかけたり、凍らせてシャーベットにして食べるのがお勧めとか。

夏に甘酒を摂取するのは、今に始まったことではない。俳句の季語では甘酒は夏。文化十一年（一八一四）に発行された随筆『塵塚談《ちりづかだん》』によれば、明和年間（一七六四～七二）頃までは冬に売っていたが、その後は一年中売られるようになったという。

甘酒は、材料を混ぜ合わせた後、弱火で六〜七時間温めて麹の発酵を促す。一晩で作られるので、「一夜酒」とも呼ばれた。江戸時代は、冬よりも夏の方が作る時の温度調節が楽だったことから、この時期に作られた。といっても、今のように冷たくして飲んだわけではなく、温めて飲んだ。暑い時に熱いものを飲んで汗をかくのがいいらしい。

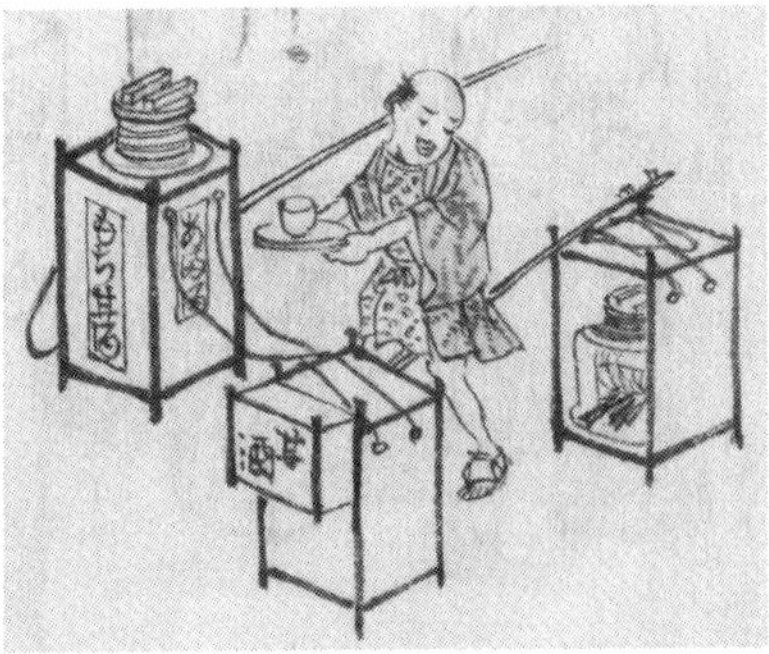

夏にはつらかった甘酒売り（『守貞謾稿』国立国会図書館蔵）

京都や大坂では一杯六文（百八十円）、江戸では八文（二百四十円）という手軽な値段だった。今の感覚からすると、暑い日に熱中症にならないようにスポーツドリンクや、夏バテ気味だからと栄養ドリンクを飲むのと同じなのだろう。

甘酒売りは、箱に釜を据えたものを担いで「あまーい、あまーい」、あるいは「甘酒ー、甘酒ー」というかけ声とともに売り歩く行商が主だった。釜は重く、釜の下には火種があったので、夏の暑い盛りに売り歩くのは、かなりの重労働であった。

〈二十一〉薬湯➡一包四十八文（千四百四十円） 暑気払いや日射病防止に人気

売り子は炎天下でも笠をかぶらなかった

「びわ茶」は、現在でも健康茶として人気があるようで、健康食品店などで売られている。江戸時代には夏の暑気払い、霍乱《かくらん》（日射病）、痢病《りびょう》（下痢）の薬として普及した。当時は枇《び》杷葉湯《わようとう》と呼ばれ、高さ四尺（約一メートル二十センチ）くらいの長方形の箱を天秤棒《てんびんぼう》の前後につけて町を売り歩いた。夜は箱の上に提灯《ちょうちん》を立て、箱にも提灯にも丸の中に烏《からす》が飛んでいる紋をつけて、店の名前と枇杷葉湯と大書し、宣伝した。

京都の烏丸《からすま》（京都市下京区）の薬店を本店とし、大坂や江戸でも京都烏丸と名乗っていた。京都や大坂では町中を売り歩いたが、江戸では橋の上などに荷を下ろして売っていたという。「ご存じ本家天満《てんま》難波橋《なんばばし》、朝田枇杷葉」や「毎年五月節句より御《ご》ひろう仕ります。煎《せん》じ薬代物に及ばす、たいらいちめんに御《お》ふるまい申します。一包は四十八文（千四百四十円）、半包は二十四文（七百二十円）御用なら御求めなさい」などのかけ声をかけながら売っていた。たいらいちめんというのは、広く一般的に使われていることを意味する。江戸では、枇杷葉湯は道行く人々に無料でふるまったため、多情の女性を指す一方、浮気で薄情な男性を表わす言葉として使われることもあったという。

夏の病に効く薬として枇杷葉湯と並び称された煎《せん》じ薬に定斎《じょうさい》があり、通り三丁目のすわら屋の枇杷葉湯と、新右衛門町大坂屋の定斎は江戸の名物だったといわれる。

定斎も枇杷葉湯と同じように暑気払い、霍乱、痢病の薬として人気が高く、夏に行商で売られていた。売り子は濃紺の印半纏《しるしばんてん》に、長く足元まであるパッチと呼ばれる股引《ももひき》を履《は》いていた。屋号や定斎などの文字が書かれている漆《うるし》塗《ぬ》りの薬味簞笥《たんす》を樫《かし》の棒の前後に担いでゆっくり調子を取りながら歩く。動くと薬箱の引き出しについた金環がカタカタなるので、売り声を上げなくても定斎屋だとわかった。夏の霍乱に効くことを売りにしていたから、売り子たちは炎天下の中でも笠をかぶったり、頭の上に手ぬぐいを置いたりしなかったという。

定斎という名称は、安土桃山時代に大坂で、現在の中国である明《みん》の人から作り方を教えてもらい、考案した粉薬を販売していた日本人の名前に由来する。大包五包で百七十二文（五千百六十円）という価格が残っている。

〈二十二〉料理切手➡一枚五十両（六百万円） 人気店の人気商品が手に入る

贈答に重宝された元祖商品券

大坂の高麗橋《こうらいばし》三丁目（大阪市中央区）に虎屋伊織《とらやいおり》という菓子屋があった。饅頭《まんじゅう》が有名で、江戸へ向かう紀州藩士が大坂に立ち寄った際、わざわざ飛脚で饅頭を実家へ送り届けたという記録が残るほどの名店。店頭では饅頭を蒸《ふ》かすところを見せていた。これが大坂の名所として有名になり、この様子を見るためにわざわざ足を運ぶ人もいたという。今日、温泉地で饅頭を蒸かしながら販売するスタイルの先駆けともいえる。ちなみに虎屋といっても羊羹《ようかん》で有名な虎屋とは関係がないそうである。

さて、評判の饅頭をプレゼントしたいと考える人も多かったのだろう。とはいえ、饅頭を持って歩くのは重いし、大量の饅頭をもらっても食べきれない人もいた。そこで、饅頭切手というものが発行された。この切手を持っていけば、好きな時に饅頭を受け取ることができる。商品券の走りだ。饅頭切手はとても重宝され、羊羹などを購入できる菓子切手が作られ、やがて菓子以外の酒や豆腐、すし、ウナギなど各種食品の切手が登場し、慶事や弔事《ちょうじ》、手土産《てみやげ》用として利用された。

江戸を代表する料亭の八百善《やおぜん》は、飲んだ後に茶漬けを食べに行ったところ、半日も待たされたあげくに代金として一両二分（十八万円）を請求された話で知られる。一両二分の代金のほとんどが、良い水を入手するために多摩川まで水を汲《く》みに行った飛脚の料金だったという。この八百善も料理切手を出していた。

高麗橋虎屋の店先（『摂津名所図会』国立国会図書館蔵）

幕府の奥祐筆《おくゆうひつ》という要職を務めていた人が、ある時、夜食代として八百善の料理切手をもらった。これを浅草に行く自分の家来二人へ夕食用にと渡した。二人は切手を持って八百善に行き、珍味を飽《あ》きるほど食べ、お土産として料理の籠詰めを渡され、それでも使いきれなかったのか、おつりとして十五両（百八十万円）を渡された。このことを主人に話したところ、「あの切手の額面は五十両（六百万円）だから」といわれたという。

コラム

砂糖の国産化

砂糖の原料として使用されていたサトウキビは温暖な気候で育つ植物。当時の日本の気候では栽培が難しかった。

八代将軍吉宗が全国にサトウキビの栽培を奨励し、讃岐《さぬき》（香川県）高松藩では五代藩主の松平頼恭《よりかた》の命を受けた藩医の池田玄丈《いけだげんじょう》がサトウキビの栽培を試みた。しかし、池田は成功に至らず、事業は弟子の向山周慶《ささやましゅうけい》に受け継がれた。

向山もうまく事が運ばず往生していたところ、思わぬところから成功のきっかけをつかんだ。ある日、向山は薩摩《さつま》（鹿児島県）から讃岐の地に遍路に来て、行き倒れになっていた関良助の命を救った。完治した関は薩摩に帰郷後、恩返しとして、サトウキビの種を向山へ送ったのである。薩摩藩の砂糖事業は、極秘事項が多く、種の持ち出しは大罪であった。

関が命をかけた種キビのおかげで、向山はサトウキビの栽培に成功した。これが現在、和三盆と呼ばれる砂糖であり、「舶来《はくらい》にいささか劣らず」と絶賛され、讃岐の名産となった。

第三章

江戸のお勘定【娯楽篇】

〈一〉江戸の遊興⬇寺社や名所を巡り、深い趣味の世界を楽しむ

今日、外国人が東京を訪れると、毎日がお祭りのようだというそうだ。しかし、このような賑《にぎ》やかさは今に始まったことではない。江戸の場合、一年中ここかしこでお祭りや祭礼に伴う縁日が開かれていた。江戸の人々は、こうしたお祭りに足しげく出かけた。

また、開帳といって秘仏や寺社のお宝を公開することもおこなわれた。自らの寺社の秘宝を展示することもあれば、ほかの寺社に公開場所を提供することもあった。人気がある寺社の場合、秘宝公開の当日は、大変な混雑であったという。わずかなお賽銭《さいせん》で、普段は見ることができないありがたいお宝を拝めるのだから当然であろう。一方、塵《ちり》も積もれば山となるようで、浅草寺の文政《ぶんせい》（一八一八〜三〇）頃の年間賽銭収入は二千三百両ほどだった。円換算で三億円近い。

参詣の帰りには、寺社の周りに出ている屋台でおいしいものを食べたり、見世物《みせもの》小屋で異国の珍しい動物や、見事な細工物を見たりもする。

有名な寺社巡りのほか、梅や桜、桃といった花の名所にも多くの人々が訪れた。江戸で

は四季を通し名所巡りとして、あちらこちらに出向くことになる。名所には花だけではなく、虫聴《むしきき》や、蛍狩《ほたるがり》、雪見などもあった。

出向いた先では風流に歌を詠む人もあれば、酒を飲む人もいる。酒を飲めば、自然と陽気になって唄や踊りも飛び出す。上手かどうかは別として、三味線《しゃみせん》や小唄などを習ったことがある人も多くいた。

広重が描いた賑やかな浅草寺「雷門」(『江戸高名会亭尽』国立国会図書館蔵)

そうした需要を満たすため、町には稽古屋と呼ばれる習い事の師匠がいた。師匠といえば、歌舞伎役者が素人芝居に招かれて稽古を付けることもあった。歌舞伎は上演できる場所が限られているうえ料金が高いので、自分たちで再現して楽しもうとしたのだ。

江戸時代の趣味の世界も奥が深く、ペットの飼育や、園芸なども盛んで、中には植木や朝顔など高額で取引された記録もあり、あまりの過熱ぶりに幕府が禁止することもあった。しかし、これをかいくぐって、利殖のためにこうした趣味に勤《いそ》しむ人も大勢いたのである。

〈二〉居合抜き➡無料　芸で集客し、商品を販売

将軍も上覧した自慢の芸

人々が集まるところには様々な商人たちがやって来る。現在、ヘブンアーティストといって東京都の許可を得て指定された路上で芸をする人たちがいるが、江戸は許可制ではなかったので、所かまわず大道芸がおこなわれていた。

今のアーティストたちは芸の対価として観客から投げ銭などを受け取っているが、江戸の大道芸は少し様子が違っていた。客からの投げ銭をもらうのが目的ではない人たちも多くいたのだ。

その代表的なものが居合《いあい》抜きであった。寛文《かんぶん》年間（一六六一〜七三）、京都で見世物として始めたのが最初といわれる。この時は見世物だったというから投げ銭をもらっていたのであろう。その後、延宝《えんぽう》・天和《てんな》年間（一六七三〜八四）に香具師《やし》の松井《まつい》源水《げんすい》（四世）が登場し、居合抜きを始めた。演武を披露し、道行く人々の足を留めさせて、人垣ができたとこ

ろで、家伝の薬を売ったのである。源水の祖は玄長といい、母の難病治癒《ちゆ》のために霊山立《たて》山《やま》に籠もって祈願したところ、薬の製法を知らせるお告げを受けた。このお告げにもとづいて薬づくりをし、母に飲ませると、みごとに全快した。この家伝薬を販売すべく、玄長の子孫となる源水が、上方《かみがた》や江戸で居合抜きを披露していた。

源水は名人といわれ、単なる居合抜きだけでなく、刃の上でこまを回す「日本刀刃渡り」という高度な技術ももっていた。

刃先でこまを回す源水（『職人尽絵詞』国立国会図書館蔵）

九代将軍徳川家重《いえしげ》の浅草寺《せんそうじ》（台東区）御成《おな》りの際には芸を披露し、「御成御用《おなりごよう》」の符を拝領している。以降、自宅の軒《のき》に御用と書いた高張《たかはり》提灯《ちょうちん》を掲げたという。

宣伝販売のための居合抜きは、源水だけの十八番ではなかった。安永《あんえい》・天明《てんめい》年間（一七七二〜八九）には歯抜き・歯磨き売りの茗荷屋《みょうがや》門次郎が両国（墨田区）に店を構えて、居合抜きをおこなって人気を呼んだ。

〈三〉見世物小屋⬇ 一回八文（二百四十円） ハレの場を演出する大がかりな装置

中にはとんでもないモノもあった

江戸を代表する盛り場といえば、浅草（台東区）と両国橋広小路西詰《にしづめ》（中央区）であろう。両国橋は大川と呼ばれていた隅田川に架けられた橋。明暦《めいれき》三年（一六五七）に起きた大火の時には橋がなく、多くの人が川に飛び込んで溺死《できし》したため、そのようなことが二度とないように架けられた橋であった。この橋の袂《たもと》に、火《ひ》除地《よけち》と呼ばれる広小路（広場）が設けられた。広小路を設けておけば、ここで延焼を食い止められるからだ。

本来ならば、広場にしておかなければならないが、退去の命令が下れば、すぐさま動けるようにした仮設の見世物小屋が立ち並んでいた。橋の東側の両国には明暦の大火で亡くなった人を弔《とむら》う回《え》向院《こういん》（墨田区）があり、西側の浅草には浅草寺（台東区）があり、お参りに訪れる人が帰りに見世物小屋で出し物を楽しんだ。

見世物の内容は実にいろいろであり、「目が三つに歯が二本の化け物」という呼び込みにつられて中に入ったら、「鼻緒が取れた下駄」が置いてあるだけだったというようなインチキなものも多々あったらしい。このような見世物でも江戸の人は怒ったり、金を返せと興行主に迫ったりせず、「こりゃ、一杯食わされた」と笑い飛ばすようなゆとりがあったそうだ。

ラクダ見物に人が押し寄せた（『駱駝之世界』国立国会図書館蔵）

見物料は一人一回八文（二百四十円）から人気の高い小屋の出し物は二十八文（八百四十円）、あるいは三十二文（九百六十円）を払う時もあった。

インチキな見世物だけではなく、彩色を施した竹を使用して籠《かご》を編むように立体物を作り上げる籠細工《かございく》や、ガラス細工、生きている人間にそっくりな生人形など、現在だったら芸術作品と呼ばれるようなものもあった。

中でも、三国志の英雄関羽《かんう》を籠細工で作成した七メートルを超える見世物は、百日間で四十万とも五十万ともいう見物客を集めたといわれている。このほか、ラクダや象など異国の動物も見世物として人気を集めた。

〈四〉芝居➡土間一升二十五匁（五万円）　一日がかりで大散財

大入りの時には舞台上で見物

江戸時代の芝居見物は、一大イベントであった。前日は興奮でなかなか寝られず、午前四時頃から支度を始めて、舟で浅草に行くと茶屋の者が船着き場まで出迎えてくれる。ここで一息つき、開演の合図で小屋の桟敷《さじき》へ移動する。女性は幕間には茶屋に戻ってお召替《めしか》え。桟敷はほかの客からも姿が見えるため、見られることを意識したという。お見合いに、芝居が利用されることもあった。見物中は茶屋に頼んでおけば席まで弁当やすし、水菓子などを運んでくれた。終演後には御贔屓《ひいき》の役者を茶屋に呼ぶこともできた。

文化十五年（一八一八）に中村座を四人で見物した時の記録が残っている。土間の料金が一升二十五匁《もんめ》（五万円）、敷物代が二匁（四千円）、菓子が三匁（六千円）、酒が二匁（四千円）、肴《さかな》代が三匁五分（七千円）、弁当が四匁（八千円）、夜食が七匁五分（一万五千円）だった。土間というのは、舞台のすぐ下のところで、相撲の升席《ますせき》のように四角く仕切られていて、同じ料金で七人まで入ることできた。敷物というのは畳《たたみ》を半畳《はんじょう》分に切ったもの。江戸時代の芝居見物は今のように上品ではなく、面白くなければ、「大根、ひっこめー」などの罵声《ばせい》が飛び、ひどい時には敷物の半畳が空を舞うこともあった。非難や野次《やじ》ることを「半畳を入れる」というのは、ここからきている。

舞台横の羅漢台（『芝居大繁昌之図』国立国会図書館蔵）

　桟敷や土間を利用するには茶屋を通さなければならない。しかし、茶屋を利用するには金がかかるので、庶民は木戸から入って芝居を見た。現在では消防法があり、定員以上の客を入れることはできない。だが、当時は、客が来ればどんどん入れた。

　土間の一番後ろには立見席の向こう桟敷があり、ここがいっぱいになると、舞台の裏側二階の吉野、一階の羅漢台《らかんだい》という席もあった。吉野も羅漢台も舞台を正面から見ることはできないが、間近で芝居を見られると、通《つう》には人気があった。

　向こう桟敷なら百文（三千円）程度で見られた。

〈五〉寄席⬇木戸銭十六文（四百八十円）　安価で楽しめる娯楽の殿堂

各町内に一軒はあった

江戸時代の庶民にとって身近な娯楽の一つが寄席《よせ》であった。寄席とは、人寄せ席の略で元禄《げんろく》年間（一六八八〜一七〇四）頃に始まり、文化・文政年間（一八〇四〜三〇）には、江戸市中で百二十五軒に増え、弘化《こうか》元年（一八四四）には二百七十一軒、幕末には各町内に一軒はあったというから、ちょっとそこまでと出かけて楽しむことができた。

木戸銭（入場料）は、十六文（四百八十円）から二十八文（八百四十円）の間。ただし、人気の演者が出演する時には二倍から三倍に跳《は》ね上がった。そのほか履《は》きものを預かってもらうための下足代が四文（百二十円）、座布団や煙草盆《たばこぼん》は四文で借りることができた。

寄席での出し物は、講談、手妻《てづま》（手品）、物まね、ひとりで八人分の芸をする八人芸など様々あった。当時は講釈と呼ばれていた講談は、毎日続けてきてもらうように一日では終わらず数日から数十日もかかる長編の作品をかけることが多かった。

寄席で楽しめる芸の中でも一番人気が、当時は落《お》とし噺《ばなし》といわれていた落語である。落語の祖は元禄年間に江戸に現われた鹿野武左衛門《しかのぶざえもん》、京の露の五郎兵衛《つゆのごろべえ》、大坂の米沢彦《よねざわひこ》八《はち》である。現在の東京の落語と上方の落語の違いはこの時まで遡《さかのぼ》る。江戸の場合は室内で落とし噺をしたのに対し、上方は寺社など人が集まるところで演じた。行きかう人々の興味を引くために小拍子《こびょうし》と呼ばれる木切れや扇子《せんす》で台を叩《たた》き、人々が集まったタイミングで、話を始めたという。今でも上方の落語は膝隠《ひざかく》しと呼ばれる文机《ふづくえ》のような台の上で小拍子や扇子を叩きながら演じる。

江戸の高座風景（『春色三題噺』都立中央図書館蔵）

江戸の寄席が本格化したのは、天明六年（一七八六）に大工の棟梁《とうりょう》であった烏亭焉馬《うていえんば》が、向島《むこうじま》（墨田区）の料亭武蔵屋で咄《はなし》の会を開いてからだ。寛政《かんせい》四年（一七九二）には咄の会が定例化し、この後、焉馬は落語家に転身、各地で咄の会を開くようになった。三遊亭、柳屋など現在に続く各流派が出そろったのもこの頃である。

〈六〉相撲➡一人銀三匁（六千円）　寺社の寄進のためという名目で開催

土俵ができたためルールが変わり人気爆発

相撲《すもう》の起源は、『日本書紀』に書かれた当麻蹶速《たいまのけはや》と野見宿彌《のみのすくね》の取組といわれる。この日が七月七日であったことから、平安時代には宮廷行事となり、毎年七夕《たなばた》には「相撲節会《すまいのせちえ》」が開催され、天皇が見物した。承安《じょうあん》四年（一一七四）に廃絶されたが、武家社会では武芸や楽しみとして、また寺社では農作物の吉凶占いや地鎮としておこなわれた。

江戸時代に入ると、相撲は興行として確立した。幕府の財政難から寺社への援助が難しくなり、幕府は寄進をする代わりに、寺社の建立や修理資金を集めるという名目の勧進《かんじん》相撲《ずもう》を認めた。しかし、相撲興行は喧嘩口論が絶えないという理由で慶安《けいあん》元年（一六四八）に禁止されてしまった。勧進相撲が復活したのは元禄の頃（一六八八～一七〇四）といわれる。この頃、相撲に革命的な変化が起きた。現在ではおなじみの土俵《どひょう》ができたのである。それまでは相手を倒すまで勝負が続けられていたのが、先に土俵から出たら負けになるというルールに変わったことから、土俵を使った新しい技が生まれ、小さい者が大きい者を制すチャンスも増え、相撲がより魅力的なものとなった。

江戸時代初期には年に三〜五場所開かれていたが、年に二場所制となり、安永七年（一七七八）以降、それまで一場所晴天八日間であったのが十日間と増え、「一年を二十日で暮らすいい男」という戯《ざ》れ歌《うた》も生まれた。開催場所も天保《てんぽう》四年（一八三三）の十月場所以降は両国の回向院（墨田区）に固定されるようになった。なお、晴天十日間と晴天にこだわるのは、土俵には屋根があるが、見物人が入る場所は露天であったからだ。連続して晴れることは難しく、十日間続くのはまれであった。

相撲人気のピークは天明・寛政期（一七八一〜一八〇一）で、谷風梶之《たにかぜかじの》助《すけ》、小野《おの》川《がわ》喜《き》三郎《さぶろう》、雷電為《らいでんため》右《え》衛門《もん》など、現代でもその名が知られるような力士が登場し、人々は相撲見物に熱狂した。当時の相撲見物は男性だけに許された楽しみ。小屋は数千人収容できたというが、大坂の記録では、見物代は銀三匁（六千円）からで、桟敷では四十三匁（八万六千円）と高額。江戸でも同様と考えられており、庶民が連日通うことは難しかったと思われる。裕福な商人などは御贔屓《ごひいき》にご祝儀を出した。ご祝儀は二両二分（三十万円）だったという。

〈七〉子どもの絵本➡一冊四文（百二十円）お年玉として人気

おなじみの昔話を江戸の子どもも読んでいた

江戸の庶民の子どもたちは、六、七歳になると手習い師匠のところへ行き、十二、十三歳になると商家へ奉公に上がったり、職人に弟子入りしたりする。江戸時代の商売は売掛《うりかけ》が基本。つまり、代金は後払いで、月末や年末などにまとめて支払う。相手に代金を請求するためには、きちんと帳簿をつけていなければならない。つまり、商家に奉公に上がるにも、職人のところへ弟子入りするにも、簡単な読み書きができなければならなかった。

江戸時代には、多数の出版物が刊行された。その中には字を覚えたての子どもでも読める本があった。表紙が赤かったことから俗に「赤本」と呼ばれるジャンルの本で、『舌切《したきり》雀《すずめ》』『桃太郎』などの日本の昔話や『猿蟹合戦《さるかにがっせん》』などの説話物が人気であった。一冊が五丁（十ページ）完結で、大きな絵がページの中心に据えられ、その周りに字が配置されている。子ども用なので、文字量もそれほど多くなく、わかりやすくする工夫として、登場人物の名前が名札のような形で描かれていることもある。一冊四文（百二十円）で、正月に刊行されることが多く、親や知り合いが子どもにお年玉として渡すには手頃だったのだろう。余談だが、江戸時代はお年玉として子どもに金を渡す風習はなかった。

赤本のスタイルが整った享保《きょうほう》年間（一七一六〜三六）は、子ども向けのお伽話《とぎばなし》が中心であった。

その後、浄瑠璃《じょうるり》の筋書や英雄伝、敵討《かたきうち》物、軍記物を扱い、内容も複雑で文字量も多い黒い表紙の「黒本」が登場。赤本では一冊で完結していた話が、黒本では二、三冊の続きものになった。一冊の頁数は相変わらず十ページであった。少年向けだった「黒本」は、さらに年齢層が高い人向けの青い表紙の「青本」に発展。その後、成人向けの「黄表紙《きびょうし》」が作られるようになった。世相や社会風刺を織り込んだ内容もあり、発禁処分を受ける作品も出た。そのため、教訓物や敵討物に人気が移り、話が複雑になると二、三冊では収まり切れなくなる。すると、文化三年（一八〇六）、三〜六冊をまとめて売り出す「合巻《ごうかん》」が生まれた。以後、美しい装丁の本が登場するようになり、幕末から明治にかけて女性の間で人気を得た。

〈八〉瓦版➡一枚四文（百二十円） 実演付きで販売

組物やカラー版も作られた

江戸時代の人々の大切な情報源の一つが瓦版《かわらばん》で、何か事件が起こった時にすぐに伝える役目を担っていた。瓦版とは、粘土に文字や絵を彫り、瓦のように焼いたものを原版として印刷したと説明されるが、現存している原版はすべて木版なので、確証が取れない。ちなみに、現存する最古の瓦版は、慶長《けいちょう》二十年（一六一五）の大坂城落城が題材で、徳川方の活躍を伝えている。

当初の販売スタイルは不明であるが、元禄年間（一六八八〜一七〇四）頃には二人一組となって扇《おうぎ》を持ち、深編笠を被って記事の面白そうなところを独特の節回《ふしまわ》しで読み上げながら売り歩くというスタイルができ上がった。その際、「大変だ、大変だ」と人を集め、細い竹の棒で瓦版をぽんぽんと叩きながら調子をとった。また、三味線が加わることもあった。売り子はイケメンが多かったらしい。記事を読み上げながら売り歩くことから、江戸時代の人々は瓦版のことを「読売」と呼んだ。

　普通は一枚四文（百二十円）であったが、大事件が起こった時には二枚、三枚の続きものも作られ、十六文（四百八十円）で販売された。中にはカラーで三十文（九百円）という瓦版も販売されていた。地震の後、鯰《なまず》が暴れて地震を起こした様子を描いた「鯰絵」がこれにあたる。地震や洪水、火事、飢餓《きが》などの速報は高い関心を呼んだ。そのため、江戸市中のことだけでなく、遠方の出来事も取り上げた。ネタ元は仕事で各地に書状を配達する飛脚が多かった。

仇討を描いた瓦版（『江戸物語』国立国会図書館蔵）

　幕府は、こうした瓦版の影響力を警戒し、延宝元年（一六七三）に統制令を出し、将軍就任や日光社参などは記事にして構わないが、世の奇怪事や犯罪に繋がるようなことは、町奉行の検閲《けんえつ》を受けなければならないとした。もし無断で発行すれば罰せられることになっていたが、江戸時代の法令は、「三日《みっか》法度《はっと》」といわれるように、最初は守られるものの、あとはうやむやになった。

〈九〉浮世絵➡一枚十六文（四百八十円）　気軽に買えるアート

特殊な出版事情が生み出した印刷技術

現在、世界中に愛好者がいて高額で取引される浮世絵だが、江戸時代は安価であった。そもそも日本で出版が始まったのは、お経を流布《るふ》させるためだった。その影響もあり、江戸時代初期、出版の中心は京や大坂。文字物が中心であった。

一方、新興都市であった江戸では、風俗や風景などを描いた絵本を出版していた。私たちが日本語として使用している文字は、漢字、カタカナ、ひらがなと三種類ある。現在使用されている文字はあわせて五万以上ある。これを筆で書く時には筆を紙からいちいち外《はず》さずに書く方が早い。いわゆるくずし字だ。このため、くずし字を印刷する時は、下書きを版木と呼ばれる板に張り付けて文字の部分を削り出す方法がとられた。木を削るのであれば、絵も同様に扱うことができる。そこで、絵本など絵を多用した本が作られたと考えられる。やがて、絵本の絵だけが独立したものが出版され、浮世絵となるのである。

浮世絵も最初は、墨一色であったが、延宝年間（一六七三〜八一）頃に手で二〜三色の採色をした「丹絵《たんえ》」が出回るようになった。その後、鮮やかな紅《べに》を使用した「紅絵」が登場、さらに紅や藍《あい》、黄色など数種類の色を使った「紅擦絵《べにずりえ》」と呼ばれる単純な多色刷りの絵が作られるようになった。十八世紀の終わり頃、裕福な町人の間でオリジナルの暦《こよみ》を作ることが流行。明和《めいわ》二年（一七六五）に愛好者の間で交換会がおこなわれた。この時、他人よりよいものを作りたいと金には糸目をつけずに作ったため、いくつもの色を重ねて摺《す》る多色刷りの技術が発達した。さらに、これを商業印刷に応用して生まれたのが、「錦絵《にしきえ》」とも呼ばれる浮世絵である。

鈴木春信の代表作『風俗四季歌仙』（『風俗四季歌仙三月』国立国会図書館蔵）

最初に作られた鈴木《すずき》春信《はるのぶ》の『座敷八景』は桐箱入り八枚組で金一分（三万円）だったので、とても庶民が買って楽しむことができる値段ではなかった。しかし、十八世紀末には量産できるようになり、一枚十六文（四百八十円）から二十文（六百円）の値段にまで下がり、家の壁に飾るなどして気軽に楽しめるようになった。

〈十〉貸本屋⬇見料二十四文（七百二十円）　読みたい本をレンタルした

十万人以上の人が利用

貸本屋は、江戸時代中期に出現したといわれる。文化五年（一八〇八）には江戸に六百五十六軒あったとされ、一軒につき百七十戸ほど得意先を抱えていたという。単純計算で十万人超の読者がいたことになるが、家族や職場で回し読みしていたとも考えられるので、さらに多くの人が貸本屋の本を読み楽しんでいたのであろう。江戸の人々は幼い頃から読み書きを習っており、多くの人が本を読めたことが、貸本屋の隆盛を支えた。

話題のベストセラー本などを大きな風呂敷に包み、自分の頭よりも高い荷を背負って得意先へ出向く。お得意様の前で荷をほどき、相手が好きそうな本のあらすじを話しながら勧める。三日、七日、十五日間とレンタル期限を区切って本を置いていく。期限までに返せない時には延滞料が発生する。また、紛失や破損、また書き込みをしてしまったときは、弁償しなければならなかった。

多くの人が貸本屋を利用した一つの理由は、本が高額であったことにもよる。たとえば、天和《てんな》二年（一六八二）に刊行された井原西鶴《いはらさいかく》の『好色一代男』は全八巻で、銀二十五匁（五万円）と、新刊を買って読むことは難しく、どうしても手元に置きたい場合は、自分で書き写したり、人に頼んで写してもらったりした。

貸本の料金はかなり変動があり一概にはいえないが、一巻の見料（レンタル料）が二十四文（七百二十円）、少し古いものになると十六文（四百八十円）と下がる。江戸時代の本は専用の袋に入れて売られていたが、この袋に入ったまま貸し出すことを「封切り」といい、人気作家の作品の場合、見料はかなり高額だったという。

江戸の人々に人気があったのは、笑い満載の滑稽本《こっけいぼん》、遊里が舞台の洒落《しゃれ》本《ぼん》、人情本、伝奇小説など。十返舎一九《じっぺんしゃいっく》の『東海道中膝栗毛《とうかいどうちゅうひざくりげ》』や曲亭馬琴《きょくていばきん》の『南総里見八犬伝《なんそうさとみはっけんでん》』が当時の大ベストセラーだった。出版されたものに加え、様々な理由で発行禁止になった本や、そもそも出版できない内容の本も、書き写した写本で貸し出した貸本屋もあった。

大きな風呂敷包を背負う貸本屋（『世渡風俗図会』国立国会図書館蔵）

〈十二〉富札⬇一枚一朱（七千五百円） 高額のため数人で一枚を購入

当選番号をあてる博打もあった

特賞・前後賞を合わせると数億円となる宝くじ。普通の会社員ならば一生かかってもお目にかかれない大金が手に入り、庶民の夢をかなえるものとして人気がある。

江戸時代にも、庶民が普通一生かかっても稼ぐことができないような金額を手にする機会があった。それが富《とみ》くじである。富くじは番号を書いた木札を箱に入れて箱にあけた小穴からキリで木札を突いて、当たり番号を決める。この様子から「富突《とみつき》」「突富」、もしくは単純に「富」と呼ばれた。文政年間（一八一八〜三〇）に流行し、最も盛んだった時には一カ月余りの間に三十カ所ほどでおこなわれたという。谷中《やなか》の感応寺《かんのうじ》（台東区）、湯島天神（文京区）、目黒不動（目黒区）は、幕府から認可された興行地として人気が高く、「江戸三《さん》富《とみ》」と呼ばれた。

当時の最高当選金額は、百両（千二百万円）から三百両（三千六百万円）。住み込みの奉公人は、年三両（三十六万円）程度の手当てだったから、百年から三百年分の稼ぎとなる。今のジャンボ宝くじは一枚三百円のため、複数枚買うことも可能だが、富札は金一朱（七千五百円）から二朱（一万五千円）で、腕の良い大工の一日の手間賃と同じくらいであり、おいそれと買うことはできない。札の販売は興行をおこなう寺社の敷地内とされていたが、それだけでは売りさばくことができず、札屋と呼ばれる人々が市中で販売、一枚の札を複数人で買う割札《わりふだ》もおこなわれた。また、当たり番号を予想する「影富《かげとみ》」と呼ばれる博打《ばくち》もおこなわれ、富札が買えないような庶民たちに人気があったという。

さて、高額な当選金を手にしても、すべてが当選者ものにはならない。幕府が富くじを許可した背景には、幕府財政が悪化し、寺社が修理のために拝領金を求めても援助できなくなっていたことがある。つまり、寺社には、富くじで自ら儲《もう》けてもらうということだ。そのためか、金を受け取る時に必ず寄付を求められたといわれる。

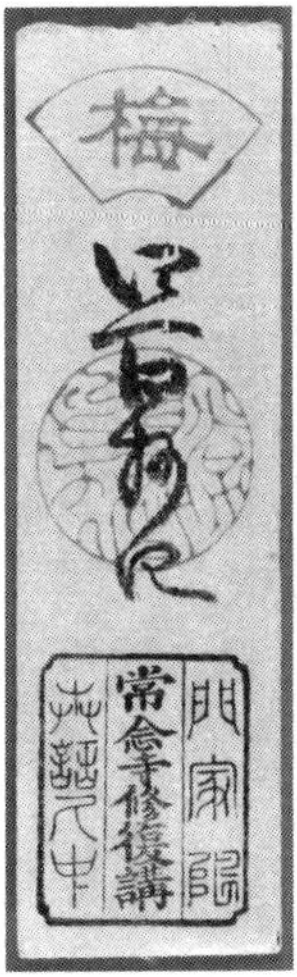

富札（国立国会図書館蔵）

人々を熱狂させた富くじだが、天保の改革の一環として天保十三年（一八四二）に禁止された。

〈十二〉朝顔・万年青➡一鉢千両（一億二千万円）　過熱しすぎて高額取引禁止

手軽に楽しめる利殖を兼ねた趣味

将軍から裏長屋の住人まで、江戸では園芸を趣味とする人が多かった。歴代将軍のうち、とくに三代家光は熱心で、彼が手がけたとされる盆栽が日本最古の盆栽として今に伝わっている。

家光がどうやってこの盆栽を手に入れたのかは不明であるが、裏長屋に住んでいた庶民は「植木売り」と呼ばれる行商人から買った鉢植えを愛《め》でていた。時には染井《そめい》（豊島区巣《す》鴨《がも》）の植木屋へ買いに行くこともあった。この程度ならば、今でもある話だが、江戸では園芸熱が過熱して大変なことになっていた。

江戸の人々が熱を上げたのは、おもに朝顔と万年青《おもと》。朝顔は現在でも多くの人が子どもの頃に栽培した経験があるほど日本人にとってなじみの深い植物である。一方の万年青は、今日よほど園芸や生《い》け花《ばな》にくわしい人でないとわからないものになってしまった。

伝説ではあるが、徳川家康が江戸城入城の際に、徳川家が代々栄えるようにと万年青が家臣から贈られたため、縁起のよい植物だとされた。緑の大きな葉がいろいろ変化するのが魅力で、葉に斑《ふ》が入ったり、葉がくるくるとまいたりする変わった形の品種に人気が集まった。これを様々な意匠《いしょう》を凝らした専用の盆（鉢）に植えて美を競う。多年草で初心者にも育てやすいのも、多くの人に受け入れられた理由の一つで、『萬年青培養手引』といった栽培のガイドブックや鉢のカタログなども作られた。文化・文政年間（一八〇四～三〇）には、一鉢百両（千二百万円）、中には千両（一億二千万円）を超えるものもあったという。

かたや、朝顔は遺伝子が不安定なため、変異種が生まれやすい。つまり、赤い花から取れた種を植えても、同じように赤い花が咲く保証はなく、ピンクや青といった予想を上回るような花が咲く可能性がある。そのうえ、おなじみの丸い大きな花ではなく、まったく異なる形状の花が咲く可能性も秘めている。こうした変わった形の朝顔のことを変化《へんげ》朝顔《あさがお》といい、種約百五十粒を五十両（六百万円）で大坂の栽培家から取り寄せたという記録もある。

あまりにも常軌を逸した高騰ぶりに、嘉永《かえい》五年（一八五二）、幕府は三両（三十六万円）以上で取引することを禁止した。

〈十三〉虫売り⬇ 一匹八文（二百四十円） 自宅でも虫の鳴き声を楽しむ

江戸時代のペット事情

虫の鳴き音を美しいと感じるのは日本人の特徴らしい。これは、虫の鳴き音を雑音として処理する右脳ではなく、言語を司《つかさど》る左脳でとらえているからだそうだ。だから、虫の音をチンチロリンなどと表わした。日本では虫の鳴き声を聴くということが古くからおこなわれていた。

虫の声を聴く名所は、現在のＪＲ西日暮里《にしにっぽり》駅（荒川区）近くに今もある道灌山《どうかんやま》。東の方に高台がなく、当時は高い建物もなかったため、ここから筑波《つくば》山《さん》や日光の山々が見える風《ふう》光明媚《こうめいび》な場所として人気が高かった。

外に聴きに行くのもいいが、自宅でも虫の音《ね》を聴こうと考えた庶民は、虫を捕まえて楽しむようになり、虫籠《むしかご》に虫を入れて売る商人も現われた。虫の一番の人気は蛍《ほたる》。虫聴《むしきき》と同じように蛍の鑑賞も流行していた。音色を楽しむ虫としては、コオロギ、マツムシ、スズムシ、クツワムシなどが売られており、キリギリスが一匹八文（二百四十円）であった。

江戸は現代と同じペットブームで、江戸城大奥の女性たちが狆《ちん》という小型犬や、猫を飼っていた。また、金魚は一匹三両（三十六万円）というとんでもない値段がつくほど流行した。

鳥も、これらの動物たちと負けず劣らずの人気で、声を楽しむ鶯《うぐいす》はシーズンになると、先の道灌山へ聴きに行った。また、慣れて飼い主の手に乗る手乗りの鳥も愛された。これらの鳥は自分で捕獲するほかに愛好家から譲り受けたり、専門の業者から買ったりすることも多かった。業者は愛好家の家に赴《おもむ》いて、希望する種類の鳥を持ってきたり、餌《えさ》など飼育に必要な用品を販売した。時には飼鳥の「うちの文鳥、近頃、元気がないのですが」などの相談も受けていたようだ。また、様々な事情から鳥を手放さなくてはいけない時には飼い主から引き取ったりもした。

虫売り（『世渡風俗図会』国立国会図書館蔵）

鳥の愛好家たちが一同に会する鳥の市が開かれ、情報を交換したり、安く売買したり、鳥好きたちにとって交流の場となるイベントも開かれていた。飼っている鳥の声を競わせる「鳴合《なきあわせ》」も盛んにおこなわれた。

〈十四〉花魁遊び⬇揚げ代一両二分（十八万円）場合よっては百両以上もかかった

ルールに沿った疑似恋愛ごっこ

江戸は、男性が圧倒的に多い都市であったため、徳川家康が江戸幕府を開いた頃から遊女屋ができていた。この当時、遊女屋を営んでいた庄司甚右衛門《しょうじじんえもん》は、遊女屋を一カ所に集めた幕府公認の遊郭を造ることを願い出た。元和《げんな》三年（一六一七）に許可が下りて元和四年に葺屋町《ふきやちょう》（中央区）で営業を開始。やがて、ここが「吉原《よしわら》」と呼ばれるようになった。しかし、明暦《めいれき》三年（一六五七）の明暦の大火で全焼すると、治安・風俗上の理由から江戸の中心から、当時は江戸の周辺部であった浅草日本堤《にほんづつみ》（台東区）へと移転した。

移転した遊郭は外界から隔絶された世界で、「新吉原」と呼ばれた。美しく着飾った遊女たちの数は、二千人とも四千人ともいわれている。

こうした遊女たちと遊ぶには、ルールがあった。吉原で客が上がるのは揚屋《あげや》という座敷。ここに妓楼《ぎろう》にいる遊女を呼び出す。妓楼から揚屋まで遊女が移動するのを旅に見立てて

「道中」といった。

遊郭で一番高い格の花魁《おいらん》の場合、揚げ代が一両二分（十八万円）だとしても、それを払ってすぐに床入りというわけにはいかない。初回は会うだけで言葉を交《か》わしてもいけない。いわばお見合い写真を見るようなものだ。二回目にようやく会話ができるが、それ以上のことはできない。この時も揚げ代はかかる。しかも、二回目は裏を返すといって一回目からあまり日を空《あ》けずに通わなくてはいけない。三回目でやっと「馴染《なじ》み」となって、床入りとなる。この時は、揚げ代のほかに二両（二十四万円）のご祝儀を払う。

花魁が座敷に出てくるまで、幇間《ほうかん》や芸者などを呼んで豪華な宴会を開く。台《だい》の物《もの》と呼ばれる料理の一つも取らなければ、ケチな人と肝心《かんじん》な花魁に嫌われてしまうかもしれない。江戸の男性は実生活で恋愛をすることは難しいので、ここは疑似恋愛をする場所なのだ。恋愛なので振られることもあった。花魁の世話をする遣手《やりて》にも心づけをしなければならない。事後にもチップが必要など、ここまでに百両（千二百万円）ほどかかる計算になる。吉原では金離れのよい客が粋《いき》としてもてたから、客は金を出し渋ることはなかった。

一度、相手が決まったら、別の遊女と遊ぶことはできない。恋愛だから、浮気が許されないのも当然。発覚したら罰として髷《まげ》を切られることもあった。

〈十五〉岡場所遊び➡揚げ代百文（三千円）　江戸四宿がおとなの特選街

手軽に安価で遊べた

岡という文字には「脇」や「かたわら」という意味があり、そこから派生して正式な遊郭ではないところを「岡場所」という。つまり、幕府公認の遊郭吉原に対して、正式ではない売春宿が岡場所であった。

吉原は料金が高いうえに、床入りまで三回も通わなければならない、相手を決めたら別の遊女と遊ぶことは禁止され、ばれた場合には髷を切られるなどの制裁が待っている。このように遊ぶためのルールが事細かく決められており、庶民には遊びにくい場所でもあった。

岡場所は江戸のあちこちにあった。天明年間（一七八一～八九）以降、深川八幡がある深川（江東区）、回向院《えこういん》に近い本所（墨田区）、上野寛永寺の裏手にあたる谷中《やなか》（台東区）、根津《ねづ》権現《ごんげん》の根津（文京区）、護国寺のお膝元である音羽《おとわ》（文京区）、浅草（台東区）など寺社の近辺。これは寺社に参拝した後、精進落《しょうじんおと》しと称して遊郭に行く習慣があったことが影響していると思われる。また、寺社地は寺社奉行の管轄で、違法売春を取り締まる町奉行所の役人の手を逃《のが》れる意味合いがあったようだ。また、品川、新宿、板橋、千住（足立区）の江戸四宿も繁盛《はんじょう》した。宿場では、飯盛《めしも》り女《おんな》と称して売春婦を置いていた。何度も禁止され、最後には宿屋一軒につき二人までと定められたが、それでも守られなかった。女性のランクなどによって違うが、おおよそ六百文（一万八千円）から百文（三千円）だったという。

中でも品川は、北の吉原、南の品川と称されるほどの賑わいを見せた。品川宿のうちでも隆盛を誇った相模屋《さがみや》は、土蔵造りであったことから通称「土蔵相模」と呼ばれ、幕末に志士の高杉晋作《たかすぎしんさく》や伊藤博文《いとうひろぶみ》が贔屓《ひいき》にした店として知られている。

岡場所がこれだけ繁盛すると、吉原にとっては営業妨害であり、町奉行に取り締まりを依頼している。検挙された私娼《ししょう》は吉原の中で三年にわたり、無給で働かされる罰があったが、さして効果はなかった。

さらに安く遊ぶ手段もあった。たとえば、土手に止めてある川舟から客引きをする舟饅《ふなまん》頭《じゅう》は三十二文（九百六十円）で、舟の中で売春した。夜、街中で客を誘う夜鷹《よたか》は二十四文（七百二十円）。客の中には料金以上のチップをはずむ人もいたという。

コラム

大人の習い事

江戸では、女児は読み書きのほかに、裁縫、三味線・琴・長唄・常磐津《ときわず》などの音曲や踊りを習うことが盛んで、これらを教えるところを稽古屋と呼んだ。月謝は百文（三千円）から二百文（六千円）、多くても千文（三万円）だった。総ざらいと呼ばれる発表会もあり、衣装代などを負担しなければならない。江戸郊外の飛鳥山《あすかやま》（北区）は、花見を兼ねた総ざらいの場として人気があったようで、そろいの着物を着た集団が浮世絵に描かれている。

しかし、芸事を習うのは女児や若い女性ばかりではない。多くの男性も稽古屋で三味線や踊りを習っていた。幕末には武芸熱が高まり、町人たちが町道場に通うことが流行した。あの新選組も元をただせば「試衛館《しえいかん》」という町道場の出身者が中心となっている。

皆が集まった時に芸事の一つでもという人もいたが、美人師匠の噂話に熱を上げる輩《やから》も多かったようだ。古典落語「汲みたて」には、町内の小唄の美人師匠に熱を上げる長屋の若人が出てくる。

第四章

江戸のお勘定【意外篇】

〈一〉地位を金で買う⬇金さえ払えば武士になることも可能だった

江戸時代の人々は、現代人には理解できないものに大金を払っていた。たとえば、排泄《はいせつ》物《ぶつ》である。江戸の町（御府内）の範囲は、おおよそ現在のＪＲ山の手線の内側で、その外側には畑が広がっていた。ここでは、ダイコンなどの野菜を生産し、江戸向けに出荷していた。この野菜の肥料として排泄物は利用され、時には肥料の奪い合い（価格競争）もあったという。

こうした奪い合いを防止するため、商売をするための株、今でいう営業権のようなものを設定した。この株仲間設定は、当時広くおこなわれており、ある職種に参入したければ、その商売の株を買う、もしくは高額で株を譲り受けなければならなかった。何百両という高額な値段になることも多かったが、それだけの額を払える金持ちがいたのである。

人間、大金が手に入ると、その次に名誉が欲しくなる。現在も肩書や勲章を手に入れるために四苦八苦している人もいるらしい。

江戸時代の場合、町人や農民の中には、「身上がり」と呼ばれる、武士への身分上昇を望む人も多かった。

八代将軍徳川吉宗《よしむね》の時代に新田開発に尽力し、名主から代官に取り立てられた川崎平右衛門や田中丘隅《たなかきゅうぐ》など、功績が認められて武士になる者もいた。

このほか幕末には、実力が認められて幕臣に取り立てられた人も少なくない。渋沢栄一《しぶさわえいいち》も武州の農民出身だ。また、新選組は将軍警護のために京都に上った浪士組を母体としたが、隊の中心となった近藤勇《こんどういさみ》や土方歳三《ひじかたとしぞう》は多摩の農家の出である。彼らは、浪士組に入れば武士になれると考えていた。

新選組局長の近藤勇（国立国会図書館蔵）

一方、本人の努力ではなく、武士の身分を手に入れた人もいた。金の力で武士の身分を買ったのである。金集めのため、積極的に武士の身分を売り出した藩もあった。また、借金がかさんでどうにもならなくなった武家のもとに、商家が多額の持参金を持たせて娘を嫁がせる、あるいは借金の肩代わりと引き換《か》えに息子や孫を武家の養子に入れるという商人もおり、どれも公然とおこなわれていた。

〈二〉就活➡一式二十両（二百四十万円） 就職は身だしなみから

人数に対して少なすぎるポスト

江戸時代は役職に対して武士の数の方が多かった。そのため、一つの役職に二人から三人が就く。そうすることで権力が一人に集中しないようにする狙いもあったという。二、三人で仕事をシェアするから、出勤は二〜三日に一度、余った時間で家庭菜園に励んで食卓を豊かにするもよし、趣味を極めるもよし、家計を助けるために内職に勤《いそ》しむ者もいた。

一つの役職をワークシェアしてポストを増やしても、仕事にありつけない者もいた。たとえば、先祖がミスして役職を外《はず》されると、その跡を継いだ子孫たちもうまく役職に就けぬまま、一生を終えてしまうこともあった。

ところで、武士は何もしていなくても禄《ろく》をもらうことができた。本来であれば、この禄のお礼を仕事で返さなければならない。しかし、役職に就けなければ、それもままならない。そこで、三千石以上の旗本は寄合《よりあい》に、三千石以下の旗本と御家人は小普請組《こぶしんぐみ》に組み込まれ、本来、働いてお礼を返す代わりに禄高に応じて小普請金という金を納めることになった。

もちろん、働かずにいるのは武士本来の姿ではないので、必死になって就活をおこなう者もいた。たとえば、幕末に外国奉行として活躍した川路聖謨《かわじとしあきら》は、小普請組支配頭や、自分が就職したいと思っていた勘定奉行、勘定吟味《ぎんみ》の家へ行き、江戸城に登城する前に挨拶をする。これを対客登城前とか対客というが、挨拶といっても、ただ目の前を通り過ぎるのを黙って頭を下げて見送るだけ。こうして目的の人物の家臣たちに顔を覚えてもらい、ポストに空きがあった時などに引き上げてもらうのだ。その努力のかいがあって、川路は評定所《ひょうじょうしょ》への出仕が決まっている（川田貞夫『人物叢書 川路聖謨』）。

一方、勝海舟《かつかいしゅう》の父親の勝小吉《こきち》は自伝（『夢酔独言《むすいどくげん》』）によれば、四十一石の旗本の養子になったものの、やはり役には就けずにいた。知り合いに二十両（二百四十万円）を借りた。出勤に際して裃《かみしも》などの衣装や刀など整えるのに必要であったのだろう。大金をかけて支度し、就職活動のため有力者の家に毎日押しかけたが、就職はうまくいかず、三十七歳の時に息子に家督を譲って引退してしまった。

〈三〉商売の株➡一株三百両（三千六百万円） 新規参入のためには絶対必要

投機の対象として持つ人もいた

江戸時代の株とは、商売の営業権のこと。冥加《みょうが》金《きん》・運上金《うんじょうきん》という一種の税金を幕府に収めることで同業者の数を制限し、市場独占、競争防止、価格協定などの特権を持った集まりを株仲間《かぶなかま》といった。株仲間は天保《てんぽう》の改革で解散を命じられたが、のちに再興され、明治五年（一八七二）に廃止された。

では、一つの株仲間がいったいどのくらいの数で構成され、いくら冥加金を幕府に納めていたのだろうか。

『守貞謾稿《もりさだまんこう》』によると、酒屋三十六戸で千五百両（一億八千万円）。呉服店五十五人で五百両（六千万円）。古手《ふるて》問屋というから古着問屋であろう。その古手問屋十三戸で五十両（六百万円）。ろうそく店二十戸で百両（千二百万円）。草履《ぞうり》問屋十戸で五十両。雪駄《せった》問屋三十七戸で百両。醤油《しょうゆ》問屋八十五戸で三百両（三千六百万円）。定飛《じょうび》脚《きゃく》問屋はなんと一人で五十両と、どの株仲間もかなり高額の冥加金を納めていた。もちろん、株仲間が何十両から数百両という冥加金を払える利益を上げていたともいえる。

これらの商売は「おいしい仕事」と仲間入りを希望する人も多かったが、新規参入を株仲間が阻《はば》んでいた。幕末になると、株仲間はより厳しく新規参入を拒《こば》んだ。そこで、どうしても商売をしたいという人は、売り出されている株を買うか、株を持っている人から相応の金額を支払って譲り受けるしかなかった。

たとえば、自宅を店にして営業する髪結《かみゆい》を内床《うちどこ》といったが、店を出すには三百両から八百両（九千六百万円）もした。それこそ普通の髪結の手間賃では、何年かかってもとても買えない金額であった。そこに目をつけた豪商が投機対象として髪結の株を買い、株価の六パーセント程度で新規の出店を希望する髪結に貸し出す例もあった。

長屋を管理する大家《おおや》こと家主《いえぬし》は、江戸全体で約一万七千人いたといわれる。長屋の場所や規模にもよるが、この株は三十両（三百六十万円）から二百両（二千四百万円）もした。曲《きょく》亭馬琴《ていばきん》が大家の株を持っており、それを娘婿《むすめむこ》に貸し出した時の条件が、年間二十両（二百四十万円）の給金のうち、五両（六十万円）を納めることであったから、現在の不動産投資よりも、割が良かったかもしれない。

〈四〉武士の身分➡同心株百三十五両（千六百二十万円）　金を払えば武士になれる

苦しい懐事情が生んだ身分の売買

武家に生まれたら、死ぬまで武士。商人や職人の子であれば必ず商人や職人になり、農民はずっと農民のままと思っている人が多いかもしれないが、実は、江戸時代、身分を変える人も多くいた。

江戸時代も後半になると、決して珍しいことではなくなった。これは貨幣経済が進み、武士たちが借金に苦しむようになったことも一因だ。困窮した武士は、豪商や豪農の娘を持参金目的や借金の肩代わりにもらい受け、妻にするのである。ただし、お金だけもらって即離婚はできない。持参金はあくまでも妻の家のものなので、離縁する時には返さなければならない。

時には妻ではなく、跡取りを持参金付きでもらうこともあった。幕臣のうち、将軍にお目見えすることができない御家人の株を買った人の記録が残っている。買ったのは曲亭馬

孫を「武士」にした馬琴（『南総里見八犬伝』国立国会図書館蔵）

琴。馬琴は、俗に青山組と呼ばれる二十五騎組百人同心株を孫のために百三十五両（千六百二十万円）で買うことにした。このため、蔵書を売り、書画会という今日のサイン会を催して金を作ったという。

幕末から明治にかけて活躍した勝海舟《かつかいしゅう》や榎本武揚《えのもとたけあき》も、先祖や父親が武士の身分を金で買って幕臣となった。ちなみに榎本の場合は千両（一億二千万円）だった。このように、金で武士になった人を、世間は「金上侍《かねあげざむらい》」と呼んだ。

幕臣の場合は、こっそりと金で武士の身分を取引していたが、これを藩公認でおこなったところもあった。独眼龍こと伊達《だて》政宗《まさむね》を藩祖とする仙台藩である。料金表が残っており、これによると、農民でも五十両（六百万円）で名字帯刀が許され、二百五十両（三千万円）で、武士になることができ、千両あれば大番組という役職に就くこともできた。藩はこの金で藩財政の足しにしようと考えたのである。だが、やはり千両というはあまりに高額であったのか、のちに半額へ値下げされている。

このほか、盛岡藩でも、金で武士の身分を手にすることができた。ただし、仙台藩よりも小藩であったこともあり、希望者が少なく、のちに三分の一にまで値引きされた。

〈五〉不倫の対価⬇　内済金七両二分（九十万円）　江戸よりも大坂の方が安かった示談金

あまりの多さに相場が決まる

近年、不倫のニュースが多いが、不倫自体は犯罪ではない。ところが、江戸時代にはりっぱな犯罪であった。当時は密通といい、その範囲は広く、結婚していない関係で性交渉をもてば、すべて密通となる。だから、許嫁《いいなずけ》の男女でも結婚していなければ罪となった。ただし、不倫で問題になるのは、やはり、夫がいる妻と通じた場合。

不倫相手の夫に訴えられれば、その男はたいてい追放刑や死刑となる。また、江戸時代は主従関係を重視していたので、主人の妻と関係を持てば、市中を引き回され、死んだ後も首を晒《さら》される獄門《ごくもん》という極刑が待っていた。一時の快楽に身をまかせると、とんでもない結末を迎えることになる。

また、夫が、密通をした自分の妻と、その相手を斬っても罪にはならなかったが、これは実際には少なかったという。なぜなら三代将軍家光の時代以降、江戸は平和で、武士が刀で人を斬ることはほとんどなかったからだ。平和の到来とともに人を斬るだけの腕も度胸も失われていった。その証拠に、首を斬り落とす斬首は、町奉行所の首討役同心がおこなわなければならないが、刀剣の試し切り役を務めていた山田家当主の浅右衛門《あさえもん》に刀の研《とぎ》代《だい》二分（六万円）を渡して代行してもらうようになっていた。

それでも、いざ人を斬ったとなると騒ぎは必至だ。同情する人も多いだろうが、中には「妻を寝取られた」と夫を非難する人もいる。「寝取られ男」のレッテルを貼られることをよしとしない夫も多くいたはずだ。そこで間に人が入って内済《ないさい》（示談《じだん》）となる。町人の場合は大家が入ることが多かった。幕府も殺人や窃盗、売春などと違い、本人たちがそれでよければ口を出さなかった。

町奉行所が口を出さなかったのにはわけがあった。江戸時代後期に書かれた『世事見聞《せじけんぶん》録《ろく》』によれば、享保《きょうほう》の頃に密通で奉行所に訴える人があまりにも多く、時の町奉行大岡忠相《おおおかただすけ》が密通した男に金一枚出させるようにしたという。金一枚は七両二分（九十万円）の価値があったので、これが江戸での示談金の相場になった。大坂ではもっと安く五両（六十万円）だったが、時代が下るにつれて安くなり、江戸でも五両になったという。

〈六〉牢屋での小遣い⬇二百文（六千円）　金次第で待遇が変わる

金を差し入れることもその金で買い物も可能だった

地獄の沙汰も金次第というが、江戸時代の牢屋敷はまさにそれを地で行く世界であった。ちなみに江戸時代には、現在の無期懲役にあたる永牢《えいろう》以外に禁固刑はなく、永牢になる者自体が少ない。原則として刑が確定すれば即実行されるので、牢屋敷は刑務所というよりも拘置所《こうちしょ》に近いものであった。

江戸時代の牢は身分で入る場所が変わる。大名や五百石以上の旗本は牢屋敷には入らず、幕府が指定する大名や親戚などに預けられる。そこで切腹を命じられることもあった。五百石以下の旗本は評定所で罪を認めて切腹すれば、「病死」として相続が認められる。認めなければ、牢屋敷内に設けられた独房の揚《あがりざ》座敷《しき》に入れられ、お薬（毒薬）を頂戴し、病死となる。大名や旗本の家臣、御家人は雑居房の揚《あがりや》屋へ。もっとも武士の場合は評定所に呼び出された時点で、病死することが多かった。町人は大牢《たいろう》、無宿者は二間《けん》牢、のちには農

何枚も重ねた畳の上に座る牢名主
（『鑑定徳川律法』国立公文書館蔵）

民が入る百姓牢もできた。女性が入る女牢は、揚屋の中に設けられていた。

当時、刑を確定させるには自白が絶対条件だったので、自白せずに長く入っている者もあり、そうした囚人たちの中から選ばれた牢名主《ろうなぬし》が、大牢など収容人数の多い牢内を仕切っていた。

さて、新しく牢に入ってきた者は、まず裸にされ、キメ板と呼ばれる板で尻を叩かれ、牢名主の前に引き据えられる。牢内に金を持ち込むことがないように、町奉行所の役人たちに調べられるのだが、その取り調べをかいくぐり、隠し持っていた「ツル」金を牢名主に差し出す。金額に応じて今後の牢内での居心地が決まった。

親族から一度に二百文（六千円）までを差し入れてもらうことは可能で、これで針や糸、甘酒などを買うことができた。また、金を隠し持っていた者は、張番《はりばん》（見張り）に頼んで酒や菓子を買うことも可能であった。ただし、何を買うのでも一分《ぶ》（三万円）を出して、手に入るのは二百文分程度だったという。

〈七〉菓子屋の名前➡最安の官位三両（三十六万円）　名前と味は関係がない

懐苦しい公家の金の稼ぎ方

江戸時代後半、武士が借金に苦しんだのは、広く知られているが、京都の公家も同じ。中には自宅で賭場《とば》を開いて寺銭を稼いでいた者もいたという。当時、賭博は禁止されていたから明らかに違法行為である。違法といえば、犯罪すれすれのこともおこなわれていた。

毎年、京都の朝廷から日光東照宮（栃木県）へ幣帛《へいはく》（供物）を奉納する勅使《ちょくし》「日光例幣使《にっこうれいへいし》」が派遣されていた。人足が担いだ駕籠《かご》を「揺《ゆ》する」行為が、「強請《ゆすり》」の語源になったといわれるほど、宿場や周辺の人々にとって、彼ら一行は金品をたかる迷惑極まりない存在だった。明治の文豪島崎藤村も幕末期を描いた『夜明け前』の中で、「道中で人足をゆすったり、到るところの旅館で金を絞ったり、あらゆる方法で沿道の人民を苦しめる……」と書いている。

こうした悪さをしなければ、公家は金を儲けることができないわけではない。たとえば、久我《こが》家は盲人に座頭《ざとう》や検校《けんぎょう》といった位を授け、その対価として金を受け取る。和歌は冷泉《れいぜい》家、琴は久世《くぜ》家などと家業が決まっており、彼らは位や免許を発行して金銭を徴収していた。

公家のうち、中臣鎌足《なかとみのかまたり》（藤原鎌足）を祖とする中御門《なかのみかど》家では、菓子屋に官位を与えていた。官位とは宮廷での位であるが、江戸時代には武士の格などを示す手段として使用されていた。武士の場合は、幕府が認めてから朝廷に申請するため、手続きが煩雑《はんざつ》であったが、菓子屋の場合は違う。中御門家だけでことがすんだのだ。

中御門家では毎年江戸に人を派遣し、大掾《だいじょう》、軒《けん》、堂《どう》という名を名乗らずに営業している菓子屋を探し出すと、菓子屋の地主や家主のもとに差し紙（役所からの呼び出し状）を持っていき、菓子屋の主人を呼び出すのである。主人が中御門家の江戸出張所に来たところで、官位の必要性を切々と説いた。大掾、軒、堂のうち、最も高いのが大掾。中でも山城《やましろ》、大和《やまと》、河内《かわち》、摂津《せっつ》の大掾は高く七両二分（九十万円）で、一番安い堂が三両（三十六万円）。さらに藤原を名乗る場合は十両（百二十万円）必要だった。ちなみに武蔵《むさし》、紀伊、尾張《おわり》、常陸《ひたち》といった将軍と御三家にかかわりのある店名はつけられないことになっていた。これらの名乗りは、したがって、菓子屋の味や職人の腕とはまったく関係がなかった。

〈八〉座頭の地位⬇一分（三万円）　大儲けして旗本株を買った盲人も現われた

盲人を統制するための地位

映画やテレビで、座頭《ざとう》という言葉を聞いたことがある人は多いだろう。座頭とは、職業を持つ盲人の地位の一つで、座頭は「○○市」という名を名乗ることになっていた。盲人は大別して座頭、勾当《こうとう》、別当、検校《けんぎょう》と四つの階級に分かれていたが、同じ座頭でも一度、二度と細分化されており、盲人組織全体で七十二段階あった。座頭が一番馴染《なじ》み深かったようで、盲人のことを座頭と呼ぶことが多い。

江戸の町は埃《ほこり》が多く、その埃で目を患う者が数多くいた。自活するため盲人は、三味線や琴を習い師匠になるコースと、鍼灸《しんきゅう》の技術を身につけるコースに分かれて修行した。中にはどちらも身につける者もいたが、逆にうまくいかない者もいた。

現在の墨田《すみだ》区千歳《ちとせ》の江の島杉山神社には鍼灸などを教える施設があった。もともとは、細い管の中に鍼《はり》を入れて打つ現在の鍼の技術を開発した杉山検校の屋敷があった場所である。五代将軍綱吉《つなよし》の治療をした時に「何か欲しいものはないか」と綱吉から尋ねられ、「目が欲しいです」答えたところ、一つ目と呼ばれていた土地を与えられたといわれる。そこに、杉山流の技術を学ぼうと各地から盲人たちが集まってきた。

安永《あんえい》三年（一七七四）、幕府は盲人たちを統制するため、職業を持つ盲人たちを検校の配下に置くことにした。検校は盲人の最高位となり、盲人の地位は、京の久我《こが》家から規定料金を払うともらうことができた。座頭の一度で一分（三万円）、検校になるには七百九十両、今の金額で九千五百万円ほどかかるといわれた。

さて、盲人は高利貸しをすることを幕府に許されていた。幕末に活躍した剣豪男谷精一郎《おだにせいいちろう》の祖父は新潟県の小千谷《おぢや》から江戸に出て来た盲人であった。奥医師の石坂宗哲《いしざかそうてつ》に拾われて、ここで持ち金を博打《ばくち》打ちの同居人たちに貸すうちに、御三家にも金を貸すような高利貸しとなり、その利益で検校の地位を買い、さらに男谷という旗本の株を買った。その男谷家ではさらに別の幕臣株を買った。それが勝《かつ》家で、勝海舟の生家である。当時、旗本の株は一株千両（一億二千万円）ともいわれており、高利貸しの利を得て、武士身分を獲得した盲人もいたのである。

〈九〉元祖会いに行けるアイドル➡一杯六文（百八十円）お茶の代金は安いが……

グッズが作られて人気爆発

近年は、「会いに行けるアイドル」が好評だ。小さい劇場で公演し、握手会などもおこなってより身近に感じられるところが人気の秘密であるらしい。この会いに行けるアイドルは、平成に始まったものではなく、江戸時代にもいた。

こうしたアイドルの中で一番有名なのが「笠森お仙」である。

現在も、たとえば「ボケ防止」「がん封じ」などの御利益《ごりやく》があると、こぞって神社仏閣をお参りするが、今ほど医学が発達していなかった江戸時代には、病は神頼みの部分が大きかった。笠が皮膚病の瘡《かさ》と音が同じことから、皮膚病や梅毒に悩む人に人気があったお宮「笠森稲荷」が谷中《やなか》（台東区）にあり、社《やしろ》の前に「かぎや」という水茶屋があった。今でも門前には茶や簡単な食事を提供する店があるが、こうした店は聖と俗を分ける役割を果たしていたといわれる。この茶屋に「お仙」という娘が働いており、器量良しと評判だった。

当時、人気のあった浮世絵師の鈴木《すずき》春信《はるのぶ》が彼女をモデルにして作品を発表すると、いっそうの人気となり、浮世絵だけでなく、手ぬぐいなどのグッズも作られた。

彼女に加えて、浅草寺内仲見世《なかみせ》の楊枝屋《ようじや》で働く柳屋お藤、同じく仲見世の二十軒茶屋の蔦屋《つたや》およしと合わせて「明和三美人」と呼ばれた。

現代のアイドルも、会うための対価を払わなければならないが、この時代も同じ。お茶は一杯六文（百八十円）とリーズナブルだが、「惚《ほ》れ代が九十文（二千七百円）」といわれたように多額のチップをはずむ客も多かった。

湯飲みを運ぶ笠森お仙（『浮世絵板画傑作集』国立国会図書館蔵）

ところが、ある日突然、お仙が姿を消して大騒ぎとなった。茶屋の主人に聞いても答えない。実は笠森稲荷。幕臣の倉地家が谷中感応寺《かんのうじ》の境内を借りて安置した社であったが、お仙はこの倉地家の政之助と結婚したため、茶屋からいなくなったのである。子宝にも恵まれ、幸せに暮らしたという。ちなみに倉地家は幕府御庭番《おにわばん》の家柄である。

〈十〉伊勢神宮での祈禱⬇一回二百両（二千四百万円）　天にも昇る夢心地

一生に一度の伊勢参りはプライスレス

江戸時代、庶民は行楽のため、旅には出かけられないことになっていた。だが、江戸時代は本音《ほんね》と建前の世界である。「五穀豊穣《ごこくほうじょう》」や「病気《びょうき》平癒《へいゆ》」などの名目で、晩秋から早春までの農閑期に寺社参りや湯治《とうじ》に出かけることは可能だった。

当時、一番人気があった行先は伊勢神宮（三重県）である。これには御師《おんし》たちの活躍が、大きく影響していた。御師《おし》とは、寺社に参拝する人々の世話をする現代のツアーコンダクターのような職業で、伊勢の場合は「おんし」という。御師は自分の担当する地域に「講《こう》」と呼ばれるグループを組織し、講のメンバーは定期的に決まった金額を積み立て、たまったところで伊勢詣《いせもう》でに出かける。この時、講員すべてが参加する講もあったが、普通はくじ引きか、順番で選ばれた人が、代表として参詣に出発した。

ちなみに、東北地方から伊勢に出かける時には、途中で江戸を見学して、東海道を通って伊勢にお参りし、大坂や京都を回って、なおもゆとりのある場合は、中山道《なかせんどう》から信濃《しなの》（長野県）の善光寺《ぜんこうじ》に立ち寄って帰るというコースが一般的で、中には四国讃岐《さぬき》（香川県）の金《こん》毘羅山《ぴらさん》をお参りする講もあった。伊勢での祈禱《きとう》という目的があるものの、むしろ立ち寄る先々での観光を楽しんだのだ。

御師宅での奉納神楽（『伊勢参宮名所図会』国立国会図書館蔵）

一生に一度は伊勢参りという時代である。伊勢に着いた一行は、途中まで出迎えた御師に連れられて、広々とした御師の家へ行く。ふかふかの羽二重《はぶたえ》の布団の上に寝て、食事は伊勢エビやアワビなど見たこともないような山海の珍味がこれでもかと並ぶ。伊勢神宮だけでなく、二見浦《ふたみがうら》（三重県伊勢市）など近隣の名所にも案内してくれるなど、下にも置かぬ接待で夢のような体験ができた。御師の家で奉納の神楽《かぐら》をお願いするのだが、この時に御利益があるといわれれば、二百両（二千四百万円）も払ってしまうこともあったという。

〈十一〉排泄物➡長屋年間三両（三十六万円）　高額で取引された吉原もの

出したもので育てた野菜を代金としてもらうこともあった

人間食べたら出るものが出る。その始末をどうするかは、古今東西、頭の痛い問題である。近世のパリはセーヌ川に、ロンドンではテムズ川に流し、これが伝染病の温床になったという。日本の場合、川に流す、そんなもったいないことはしない。排泄物《はいせつぶつ》は加工して肥料として使用する。特に江戸の場合は近郊農家が定期的にやって来て買い上げていく。

幕府の職制を記した『明良帯録《めいりょうたいろく》』に、権四郎《ごんしろう》という下総葛西《しもうさかさい》の農民が、江戸城の便所の汲《く》み取りをおこなったとある。さらに大奥の汲み取りも引き受けていた。こうして権四郎は江戸城の糞尿《ふんにょう》を一手に集めて、葛西の農地に運び、肥料として使用した。

排泄物にもランキングがあり、江戸城を除いて一番高かったのが大名屋敷のもので「きんばん」と呼ばれていた。当初、尾張徳川家は多摩郡中野村（中野区）の名主堀江家が汲み取りを請け負い、井伊家は自身の領地があった世田谷村（世田谷区）の名主大場家が汲み取りを請け負っていたが、享保以降は少しでも藩収を増やそうと入札方式に改めた。きんばんの相場は八両（九十六万円）から十一両（百三十二万円）にまでなったという。

町屋から出るものは「町肥《まちひ》」と呼ばれ、その中でも最高の評価を受けたのが吉原で、享保期、馬の背に二つの桶をつけたものを一駄として、一カ月に三十駄、年間三百六十駄で六両（七十二万円）であった。一方、長屋の総後架《そうこうか》と呼ばれる共同トイレから排出されたものも農民たちは狙っていた。ここの代金は大家の役得となり、年間三両（三十六万円）から五両（六十万円）になった。曲亭馬琴は汲み取りにやってきた農家と代金でもめて、不本意ながらダイコン三百本で決着。だが、納得しなかったようで、翌年にはほかの農民に代えた。お金の代わりにダイコンで支払うことは珍しいことではなく、取り換えた大量のダイコンは干してたくあん漬《づ》けにし、毎日食卓に上っていたようだ。

一方、排泄物を引き取った農家は肥《こ》やしとして使用し、いろいろな作物を作っては江戸に売りにやって来た。谷中のショウガ（台東区）、小松川の小松菜（江戸川区）、目黒のタケノコ（目黒区）、早稲田のミョウガ（新宿区）、駒込《こまごめ》のナス（豊島区）といった産地名がついたブランド野菜が江戸近郊の各地で作られ、中でも有名だったのが、練馬のダイコン（練馬区）であった。

コラム

お金の値段

時代劇では商人が悪徳代官に渡すイメージがある小判。なぜ平べったい大型の金貨を小判というかというと、この上に大判というより大きな金貨があったからだ。金貨といっても普段使用することはなく、武家や公家の贈答や褒美《ほうび》などに利用され、庶民にとっては一生縁のないものであった。

この大判、表面に墨《すみ》で額面が書いてある。これは金座を支配する後藤家が書いたものである。大判はこの後藤家の花押《かおう》（書判）がなければ使用することができない。ダイヤモンドの鑑定書のようなものといえる。

経年などで、花押が消えてしまうと、後藤家へ持っていって花押と額面を書いてもらわなければならない。これには必要に応じて手間賃である「判賃《はんちん》」を払う。この判賃が金二百疋《ぴき》というから、およそ今のお金で十二万円ほどで、決して安くはない金額だった。そのため、大判は、墨文字が消えないように綿や絹に包んで保管するなど美術品のように扱われたという。

第五章　江戸のお勘定【再生篇】

〈一〉江戸のリサイクル➡修理してリサイクルすることが前提の社会

江戸時代は、再利用できないものはない、となんでもリサイクルする社会であった。ほとんどの製品が手作業で作られ、動力も人力や牛馬、水力などで、現在のように一度に大量に作ることはできない。だから大量生産されたものを大量に消費することもなかった。

手作業だから作るのにコストがかかり、製品の値段が現在と比べると高価になるが、高価な分、大切に使い、少し壊れたくらいでは修理して使用し続ける。今ならば修理する方が、新品を買うよりも金も時間もかかることが多い。しかし、江戸時代には修理道具を抱えた行商人が家の前までやって来て、その場ですぐに直してくれた。もちろん、値段も新品を買うよりもはるかに安くてすむ。町中には中古品を商う店もたくさんあり、そこで買い物するのが当たり前だった。

着物も、よほどの金持ちでないかぎり、誰かの使い古しだった。古着屋で購入したり、知り合いからもらったりしたものを着て、どこかが擦《す》り切れたら、そこに当て布をして着続けることもあれば、子ども用に仕立て直して、我が子に着せた。子どもも着られなくなったら、おむつや雑巾《ぞうきん》にする。おむつや雑巾でも使えなくなったら、今度は焚《た》き付けに使うのだが、ここで終わりではない。燃やした灰は灰買いが引き取って、農家や染物職人に販売し、肥料や染色などに使用された。

日々の生活の中で抜けた髪の毛もまとめて取っておけば、「おちゃない」（髪の毛の「落ちはない」）と呼び声をかけて回ってくる女性が買い取ってくれる。女性が日本髪を結《ゆ》うにはある程度のボリュームが必要で、足りない部分を補うため、こうした髪の毛を利用したのだ。現代の付け毛である。

このほか「もったいない」という言葉とともに、いろいろなものが極限まで使用されたが、それでも生ゴミは出る。出たゴミは長屋に設けられたごみ捨て場に集められた。ごみが川や掘に捨てられて社会問題になったこともあるが、享保《きょうほう》八年（一七二三）、新田開発をすべく海岸の湿地帯（深川《ふかがわ》洲崎《すざき》十万坪〈江東区〉）を江戸中のゴミで埋め立てた。

切った髪を集めるおちゃない（『百人女郎品定』国立国会図書館蔵）

現在、リサイクルが注目されているが、江戸時代の生活は、私たちが目指す進んだリサイクル社会だったのかもしれない。

〈二〉質屋の利息➡百文につき四文（三千円につき百二十円）

身の回りのものを担保に融資

庶民にとって一番身近な金融機関だった

高度成長期ぐらいまでは、どの町にも一軒くらい質屋があったが、今ではめっきり見かけなくなった。

質屋とは、価値のあるものを担保として預かり、その代わりに金を貸す商売である。担保の品物のことを質草《しちぐさ》というが、毎月決まった利息を払わないと、「流れる」といって、売り払われてしまう。現在は最初から「流れる」ことを前提に利用する人も多いと聞く。中には、プレゼントでもらったブランド品が本物かどうかを鑑定してもらうために質屋に品物を持ち込むこともあるようである。

江戸時代も宵越《よいご》しの銭を持たない職人の女房は、日銭に困ると質屋をよく利用したし、もちろん、金に困った武士や町人など幅広い客が店を訪れた。質草は着物を筆頭に、布団《ふとん》、掛け軸、かんざし、くし。鍋や釜の調理道具、鑿《のみ》や金槌《かなづち》の大工道具まで、ありとあらゆるものが持ち込まれた。刀や鎧兜《よろいかぶと》を持参する旗本や御家人もいたようだ。

元禄《げんろく》五年（一六九二）、幕府が江戸市中の質屋を掌握しようと登録制にした。これは質屋で扱う品物に盗難品や禁制品などが交じっていたためという。ご禁制のものとは葵《あおい》の御紋が入ったものや金銀の細工《さいく》ものなどである。なお、金銀の細工ものは、金メッキの細工ものとして預かる店もあったという。

質屋として登録すると、将棋の駒形《こまがた》の看板が与えられた。将棋には相手の陣地に入って駒面を裏返すことにより、性能がアップする「成り」というルールがある。とりわけ、「歩《ふ》」「桂馬《けいま》」「香車《きょうしゃ》」「銀将」はパワーアップ後、「金将」と同じ動きができるようになる。駒形の看板は、「質屋に行くと、品物が金になる」という江戸っ子特有の洒落《しゃれ》であった。

質流れになるまでの期間は、刀や脇差《わきざし》、家財道具は十カ月（のちに十二カ月）、衣類などは六カ月（のちに八カ月）で、元禄頃（一六八八〜一七〇四）の利息は最高で百文（三千円）につき四文（百二十円）、のちの天保《てんぽう》年間（一八三〇〜四四）に至って百文につき二文（六十円）と半額に引き下げられた。

質草がなくても金が必要な庶民は、「朝に百文を借りて夕方に百一文を返す」「十日に一割の利息を払う『十一《といち》』」など、高利ではあるが、質屋以外の金貸しからも金を借りた。

〈三〉献残屋➡御馬代十両（百二十万円）贈答品を買い取って販売

処分に困るほど贈答品をもらう人がいた

「献残《けんざん》」とは、将軍に献上した残りもののこと。大名は参勤交代で江戸に来ると、将軍に国元の名物などを贈呈した。この時、幕閣や大目付、町奉行といった面々にも渡している。このほか、年始の挨拶に始まり、徳川家康が江戸に入府したことを記念した八月一日の八朔《はっさく》には太刀《たち》を進呈したり、国元に帰るための挨拶をしたりと、将軍へことあるごとに贈りものをしている。この献上品は大名ごとに決まっており、変更することは許されていない。どの大名がどんなものを献上していたか、『武鑑』と呼ばれる大名名鑑にきちんと掲載されている。

官位叙任された時には、その礼に「御太刀腰　御馬代」という目録を将軍に献上する。太刀は本物ではなく漆《うるしぬ》塗りの木刀に真鍮《しんちゅう》の金具をつけた「上がり太刀」というもので、これに相応の太刀代を添えた。馬も本物ではなく、大名は金十両（百二十万円）、旗本は銀一枚

＝銀四十三匁（八万六千円）と決まっていた。銀一枚は官位を賜ったお礼の際に用いられた貨幣単位である。

献上品をめぐってはこんな珍説もある。彦根藩井伊家は将軍に近江《おうみ》牛の味噌漬けを献上していた。幕末、水戸藩の徳川斉昭《なりあき》（十五代将軍慶喜《よしのぶ》の実父）が井伊家に近江牛をねだったところ、時の井伊家当主で幕府大老の直弼《なおすけ》が拒絶したため、斉昭が逆恨《さかうら》みして、その意を受けた水戸の家臣が桜田門外で直弼を襲ったというのだ。仙台藩士の玉蟲左太夫《たまむしさだゆう》が、当時の瓦版に載っていた「モウ御免と桜田門　食べ物の恨み恐ろし雪の朝　大老が牛の代わりに首切られ」という歌を記録している（『幕末確定史料大成』「官武通紀・桜田騒動記」）。

こうした習慣は、将軍と大名や旗本だけでなく、上役に昇進を願って付け届けをしたり、商人は出入りする武家に盆暮れの品を送ったりと、江戸の各所で贈答品が見られた。

さて、現金以外のものを大量にもらうと、処分に困ることがある。そこで登場するのが、献残屋だ。献残屋は、文字通り「献上品」の「残り」を販売した。つまり、武家や大名が贈答などでもらった品物のうち不要なものを買い取り、さらにそれらを安価で売る商売人だった。贈答品は献残屋を通して武士の間を使い回されていた。

〈四〉古着屋➡一着百文（三千円）　誰もが利用した「お古」

柳原土手が江戸のファッションタウン

東京の下北沢（世田谷区）や高円寺（杉並区）、原宿（渋谷区）などは、古着屋が集まるファッションタウンとして人気があり、遠くからわざわざ訪れる人もいるようである。人気ブランドのファッションアイテムが安く購入できるのもさることながら、他人とは違ったものが入手できるのも魅力らしい。

江戸にもこうした古着屋タウンがあった。都営地下鉄岩本町《いわもとちょう》駅（千代田区）周辺がそうで、ここは電気街やオタクの聖地として有名な秋葉原とはJR秋葉原駅（千代田区）を挟んで反対側に位置する。すぐ近くを流れる神田川沿いに土手があり、柳原《やなぎはら》土手と呼ばれ、ここは江戸城の外郭とも、神田川の防水施設ともいわれる。元文《げんぶん》年間（一七三六～四一）頃、このあたりに古着を扱う店ができ、賑《にぎ》わいを見せた。その影響からか、付近は現在も繊維や衣料品を扱う会社が点在している。

柳原土手以外の場所にも、古着屋は多数あった。衣料品が安価で購入できるようになったのは近年になってからのこと。江戸時代、新しい服は基本オーダーメードで、庶民は服をあつらえることはなかった。そのため、江戸時代に古着屋から衣料品を買うことはごく当たり前のことで、長屋暮らしの庶民は古着を着ていた。木綿の古着なら百文（三千円）ほどで買えた。

江戸の古着問屋の嚆矢《こうし》は、元和《げんな》八年（一六二二）、東北地方に木綿の古着を送るためにできた富沢町《とみざわちょう》（中央区）の江口屋。やがて山の手に住む武士を相手に商う古着屋が、牛込改《うしごめかい》代町《たいちょう》、四谷《よつや》伝馬《てんま》町《ちょう》、市ヶ谷《いちがや》田町《たまち》（いずれも新宿区）などにできた。先に紹介した柳原土手の古着屋は、こうした店よりも、もっと庶民的な品ぞろえだったらしい。

庶民がもっぱら利用した古着屋（『江戸職人歌合』国立国会図書館蔵）

江戸時代には相撲《すもう》の番付に見立ててランキングすることが流行《はや》った。この中に安政二年（一八五五）発行の「大江戸古着店日之出番付」があり、二百九十軒もの古着屋が取り上げられている。もちろん、この番付には掲載されていない古着屋もあり、幕末には千二百軒以上あったのではないかといわれている。

〈五〉古紙回収➡浅草紙百枚百文（三千円）　使用した紙を回収し再利用

リサイクルは紙が伝来した時から

古紙回収業者は、おもに紙くずを回収していたが、古着、古鉄、古銅なども回収しており、「くず屋」と呼ばれた。大きな籠を背負っていたが、江戸では丸や四角、京都や大坂では背の低い丸い籠の上に麻の風呂敷をかけ、京都や大坂では「てんかみくず、てんてん」と言いながら町内を回ったという。ちなみにてんてんとは古手《ふるて》の略で古着の意味である。「くず屋さん」と声をかけられると客のところへ行き、秤《はかり》で計量してそれに応じた金を払って買い上げる。買い上げたくずは、素材によって分ける。

紙は、奈良時代に中国から日本へ伝わったとされる。この頃から使用ずみの書類の裏に別の事柄を書いたり、容器の蓋《ふた》として再利用したことが残っている史料からわかっている。また、使用ずみの紙を回収して漉《す》き直し、紙として再び利用することも早くからおこなわれていた。天皇の命令を受けて蔵人《くろうど》（役人）が出す文書のことを綸旨《りんじ》というが、平安時代の終わり頃からこの綸旨には必ず漉き直した宿紙《すくし》と呼ばれる紙を使用することになっていた。回収した紙を再び漉く時に、当時の技術では紙にしみ込んだ墨の色を完全に取り除くことはできないため、どうしても少し黒い色が残り、それがムラになったという。江戸時代には、綸旨に漉き直した紙を使うことは少なくなったものの、古紙っぽく見せようと、わざと少し墨で色を付けた紙を使ったともいわれる。

江戸では紙を漉き直す業者は浅草（台東区）に多かった。そのため、漉き直した安い紙を浅草紙と称し、百枚で百文（三千円）ほどで売っていた。浅草紙は落とし紙（トイレットペーパー）のことを指す場合もあった。

書き損なった紙を煮溶かし、水に入れて漉くのだが、冷めてからでないと作業ができない。待つ間に浅草から近い吉原に出かけ、遊女たちと遊ばずに帰ってくる。今日、店などで商品を見て何も買わずに帰る「冷やかし」の語源といわれる。

浅草田原町付近に集まった紙漉き（『宝船桂帆柱』国立国会図書館蔵）

また、この紙を漉く技術を応用して刻んだ、海苔を薄いシート状にした浅草海苔が生まれたという。

〈六〉古傘買い⬇一本四文（百二十円）　買取して再度販売

武士たちの代表的な副業

最近では百円ショップでも購入することができる傘だが、江戸時代は一本二百文（六千円）から三百文（九千円）もする高級品だった。現在の感覚だと超高級ブランド傘といったところだろうか。当時は布ではなく、綿実油《めんじつゆ》や桐油《とうゆ》など速乾性の植物油を塗って防水加工した紙を使用していた。和紙は意外と丈夫だが、何かの拍子で破れたり、はがれたりした。今なら捨ててしまうところだが、少々の破れであれば、提灯《ちょうちん》の張り替えを専門におこなう行商人が修理する。

大きく破損した場合には、これを専門に買い取る商売があった。古傘《ふるがさ》買いと呼ばれる行商人で、「ふるぼねはございい」と声をかけながら町を流し、古傘一本につき四文（百二十円）から十二文（三百六十円）で買い取った。残っている紙の分量が多いほど高値がついた。大坂や京では、買い取る代わりに土瓶《どびん》や行平《ゆきひら》といった鍋や団扇《うちわ》と交換したという。

買い取った傘は骨と紙とに分離する。といっても、剝《は》ぎ取った紙は捨てるわけではない。紙は防水加工が施されており、獣肉や魚を包む時に使用することができるので、魚屋などに売ったという。

一方の骨は壊れた部分があれば、修理して紙を張り直し、傘として再び利用する。

さて、時代劇では浪人が生活のために傘張りをするシーンがある。確かに浪人は傘張りをしていたが、それ以外にも意外な人物たちが傘張りをしていた。たとえば、れっきとした幕臣の御家人も傘張りをおこなっていた。今の青山（港区）あたり住んでいた江戸城の警備を担当する甲賀《こうか》組《ぐみ》の同心が、傘張りの内職をしていたのは有名。彼らは組屋敷と呼ばれる場所に集団で住み、組で請け負っていた。ただし、作った傘を自分たちが問屋に持ち込むわけにはいかないので、辻番《つじばん》が代わりに行ったという。傘の張り替えは一本に付き百文（三千円）になったというから、懐《ふところ》具合の寂しい武士にとっては、よい小遣《こづか》い稼ぎになったことだろう。

古傘買い（『守貞謾稿』国立国会図書館蔵）

〈七〉ろうそく⬇一本二百文（六千円）　燃えカスも上手に利用

集めたものを再びろうそくに

リサイクル社会であった江戸時代は、現代人が思いもつかないものまで再利用していた。この最たるものが、ろうそくであろう。

ろうそくは奈良時代に仏教とともに日本に入ってきた。櫨《はぜ》や漆《うるし》の実を原料に木蠟《もくろう》が作られるようになったのは室町《むろまち》時代後期のことである。江戸時代になると、櫨や漆を栽培する農家が増え、ろうそくの量産が始まった。量産とはいえすべてが手作業である。まず、櫨や漆の実から原料となる蠟を取り出し、芯に何度も塗り付けて太いろうそくを作り上げるという気の遠くなるような作業である。そのため重さが約百匁《もんめ》（三百七十五グラム）の大きな百目ろうそくは一本二百文（六千円）もした。幕末の嘉永《かえい》四年（一八五一）には一本三百文（九千円）に値上がりしている。ろうそくは庶民とっては値が張る品で、もっぱら大名や武家、裕福な町人などが使用した。

ちなみに、魚やクジラの脂《あぶら》を固めて作ったろうそくもあり、値段が安かった。とくにクジラの脂は魚の脂に比べて、においがなかったので重宝されていた。

このような事情から、ろうそくを無駄にしたくはない。そのために「ろうそくの流れ買い」という商売が生まれた。ろうそくを使用した人ならわかるが、ろうそくは火をつけると蠟が溶けて流れて冷えると再び固まる。この固まった蠟の目方を量《はか》って買い取るのだ。買い取った蠟は溶かして再びろうそくとして流通する。また、溶かした蠟をあえてろうそくの形状にはせず、四角形に固めた商品もあった。これは木製品のつや出しや引き戸の敷居に塗りつけて滑《すべ》りをよくしたり、縫物をする時に糸に塗りつけて縫いやすくした。さらに、溶けた蠟を紙に塗り、合羽《かっぱ》や傘に使用する蠟紙にも使用された。

長時間の労働を強いられたろうそく屋（『宝船桂帆柱』国立国会図書館蔵）

さて、ろうそく以上に、それも商品になるのかと思われるのが、灰である。オール電化の家が出現した現在では、物が燃えた後に灰が出るというのはあまりピンとこない。炭により日々炊事をした後に生じる灰の量は相当なものになった。この灰も専門に買い取る商人がいたのである。買い取った灰は、染色や肥料などに無駄なく利用された。

〈八〉鋳掛・焼継ぎ⬇鉄瓶三百文（九千円） 捨てずに使う「もったいない」の心

大事に使われる鍋釜・焼き物

江戸時代の鍋釜《なべかま》は大変貴重であった。今日のように用途別に鍋を替えることはなく、わずかな数の鍋を使い回した。しかも、当時の技術では、丈夫な鍋を作ることはできず、穴が開くのは珍しいことではなかった。

穴が開いた鍋釜でも、鋳掛屋《いかけや》がいたので、捨てずに使用することができた。鋳掛屋は、必要な道具を担いで「なべ〜、かま〜、いかけ〜」と売り声をかけながら市中を回る行商人である。

行商人といえば、天秤棒《てんびんぼう》と呼ばれる長い棒に、荷物や商品を入れた姿を思い浮かべる人もいるかもしれない。この天秤棒は、鋳掛屋にとって大切な道具であった。江戸では、火事を防止するため、軒下《のきした》から七尺五寸（約二百三十センチメートル）以内では火を使用することができなかった。そのため、天秤棒を使って距離を測り、建物から離れたところで火を起こして錫《すず》と鉛《なまり》との合金である白目《しろめ》などを溶かして穴をふさいだ。慶応《けいおう》三年（一八六七）初演の歌舞伎『船打込橋間白浪《ふねへうちこむはしまのしらなみ》』の中に、鉄瓶をサービスとして三百文（九千円）で直すシーンがあるので、そこから当時の修理代金がうかがわれる。

鋳掛屋とともにポピュラーだった修繕屋に、瀬戸物焼継《やきつ》ぎがあった。近年、割れたり欠けたりした焼き物を漆《うるし》で修復し、その上に金粉をつけてきれいに仕上げる「金継ぎ」という方法が人気だそうだ。江戸時代にもこの方法で修理がおこなわれていたが、修復部分を飾る金粉が高くつくので、あまり一般的ではなかった。

庶民が使用していた日用品は、寛政《かんせい》年間（一七八九～一八〇一）に発明された白玉粉を使用する方法で直した。白玉粉といっても食べ物の白玉とは関係がなく、融点の低い鉛ガラス粉のこと。これを器の表面につけてさっと火で焼き直せば、割れた焼き物を結合できた。きれいに仕上げるためには相当の技術が必要だが、すぐに仕上がるので人気があり、焼継ぎと呼ばれた。なお、この焼継ぎが広まったため、割れた食器を修理して使用することが増え、瀬戸物が売れなくなったという。

天秤棒を担ぐ鋳掛屋（『守貞謾稿』国立国会図書館蔵）

〈九〉雪駄・下駄直し➡二足三文（九十円）　求めに応じてその場で修理

高価な履物はだめになるまで履き倒す

雪駄《せった》というと、今時は相撲《すもう》の力士が履《は》いているものというイメージが強い。しかし、もとをただせば、茶の湯を確立した千《せんのり》利休《きゅう》が、雪の時期に茶会を開くにあたり、路地で草履《ぞうり》が濡れないように竹製の草履の裏に牛皮を張り付けたものとされる。

千利休の時代、江戸時代初期には上方《かみがた》で生産が盛んで、大和《やまと》国桜井（奈良県桜井市）で作られたものが江戸に運ばれていた。元禄年間（一六八八～一七〇四）、雪駄の裏の踵《かかと》部分に鉄を張ったものが大流行。町奉行所の同心たちがこの鉄《かね》付きの雪駄を愛用。その音から「雪駄ちゃらちゃら」と呼ばれたという。その後、弘化《こうか》年間（一八四四～四八）になると、江戸から上方へと雪駄が運ばれるほど江戸の製造技術が発達した。

さて、雪駄の値段であるが、八～九匁（一万六千～一万八千円）から高級品を扱う店だと二十匁（四万円）とかなり高価であった。もっとも、中には舶来品の鞣《なめ》し皮《がわ》を使ったり、金の象嵌《ぞうがん》を入れるなど贅沢《ぜいたく》な雪駄を作らせた者もいたという。

いずれにしろ安価なものではなかったから、人々は鼻緒、裏の皮など直せるところはすべて直して、履き倒す。専門の修理人がかけ声とともに町中を流していた。京都や大坂では「なおし」「なおし」と言いながらやって来たが、江戸では「でえい、でえい」という。これは、手入れがなまったらしい。客から声がかかると、その場に腰を下ろして水をまき、埃《ほこり》が立たないようにしてから修理を始めた。

一方の下駄は、江戸時代の中期ぐらいから一般に広まったようだ。この頃は鼻緒が紙の物で五十文（千五百円）、上物は百文（三千円）で、草履が十二文（三百六十円）に比べると高級品であった。下駄もまた、雪駄のように高級品を注文する人もいて、寛延《かんえん》三年（一七五〇）は庶民が塗り下駄を履くことが禁止された。

下駄は長く履いていると歯がすり減ってしまう。この歯を入れ替える歯入屋《はいれや》とも呼ばれる商売が登場したのが、宝暦《ほうれき》年間（一七五一〜六四）。雪駄直しと同じように道具を担いで、客の注文に応じその場にござを敷いて仕事に取りかかった。中には鼻緒だけを挿《す》げ替える商売もあったが、二足で三文（九十円）であった。これが値段がとても安い意の「二束三文」の語源になったといわれる。

おわりに

今日、「勘定」「お勘定」という言葉は、商店の売り場の一角の「勘定場」というプレートや、飲み屋さんなどで最後に言う「お勘定！」、あるいは会話の中の「損得勘定」など、広く使われている。

この言葉は、実は古くから使われてきた。ちなみに『日本国語大辞典』（小学館）を見ると、計算すること、代金を支払うこと、などの意味が示されている。このうち、代金を支払う意味については、古代の法令集『延喜式《えんぎしき》』や鎌倉時代の歴史書『吾妻鏡《あづまかがみ》』、鎌倉幕府の法令集『御成敗式目《ごせいばいしきもく》』などに使用例が見られる。ただし、これらは貴族・武士・僧など支配階級の記録であり、「勘定」の語が、庶民を含めた社会全体で日常的に使用するようになるのは、文字や貨幣が普及する江戸時代以降である。

江戸時代は、寺子屋などにより「読み書きそろばん」が社会に普及し、庶民の識字力（リテラシー）が高まった。これと相俟《あいま》って生産力が向上し、経済の発展、貨幣の流通増大が見られた。他方、幕府は貨幣の鋳造権を一手に握り、金座、銀座、銭座を各地に設け、全国で統一的な貨幣制度を整備し、経済政策を展開した。この結果、「勘定」という言葉は、飛躍的に社会に広まっていったのである。

たとえば、政治や行政の世界では、幕府や藩などで、「勘定奉行」「勘定方」「勘定所」などの財政・経済担当部局の名称が確立・普及し、「御金蔵勘定」「普請勘定」「金銀山勘定」などの「勘定帳」（会計帳簿）が広く作成された。

他方、社会では、庶民が親しんだ浮世草子《うきよぞうし》『日本永代蔵《にっぽんえいたいぐら》』、洒落本《しゃれぼん》『道中粋語録《どうちゅうすごろく》』、滑稽本《こっけいぼん》『風来六部集《ふうらいろくぶしゅう》』など、様々なジャンルの作品で「勘定」の言葉が多く見られる。手習い（寺子屋）のスタンダードな教科書の一つ『庭訓往来《ていきんおうらい》』にも「田所ノ結解勘定」（役所が作成した決算書）の表現が見られ、日常の滑稽話を集めた『江戸小咄《こばなし》集2』（東洋文庫）でも「勘定があわねへ」（「時売り」）などの会話が、広く見られる。「勘定」の語は、国民全体に知識・技術（計算）をともなう形で、リアルに根を下ろしたのである。

次に、貨幣の普及について見る。江戸中期の五代将軍綱吉や八代吉宗のブレーンを務めた儒学者荻生《おぎゅう》徂徠《そらい》は著書『政談《せいだん》』の中で、社会経済の変化を述べている。すなわち、徂徠が十代の頃生活していた上総長柄郡《かずさながら》（千葉県茂原市）では貨幣が十分に行き渡っておらず、米や麦が貨幣の代わりをしていたが、元禄時代（一六八〇～一七〇九）に貨幣が地方に広く流通したことから、銭で物を買うようになったと記している。また、徂徠は全国の物価が連動するようになったため、もし商人たちが団結したら、幕府がどのような命令を出しても、物価は下がらないだろうとも述べている。時代は明らかに政治だけでなく、経済が動かす局面へと移行しつつあった。

こののち将軍吉宗と大岡忠相《おおおかただすけ》によって本格的に展開する享保改革（一七一六～四五）では、この移行に対応し、幕府による物価統制が展開された。業種別組合（業界）を作り、価格を調整したのもその一例である。これに続く時代の田沼意次《たぬまおきつぐ》の経済政策は、この路線を進め、組合から冥加金《みょうがきん》・上納金を納めさせたことから、政界と財界の癒着《ゆちゃく》が厳しく糾弾《きゅうだん》されたのである（大石学『新しい江戸時代が見えてくる――「平和」と「文明化」の265年――』（吉川弘文館）。

こうした大きな流れを背景に、あらためて本書によって江戸時代の人々の経済生活のリアルを、さまざまなシーンから見ていただいたならば幸いである。

二〇二一年七月

大石　学

参考文献

『江戸の銭勘定』山本博文監修　洋泉社
『江戸に就ての話』岡本綺堂著　青蛙房
『江戸東京生業物価事典』三好一光著　青蛙房
『近世風俗志』（守貞謾稿）1〜5　喜田川守貞著　岩波書店
『お江戸の経済事情』小沢詠美子著　東京堂出版
『江戸博覧強記』江戸文化歴史検定協会　小学館
『江戸入門』山本博文監修　河出書房新社
『民俗小事典　食』新谷尚紀、関沢まゆみ編　吉川弘文館
『国連大学　人間と社会の開発プログラム研究報告　技術の移転・変容・開発 -日本の経験プロジェクト
繊維産業研究部会　衣服産業のはじめ』中込省三著　国連大学
『時代考証読本』2-4　稲垣史生著　新人物往来社
『馬琴一家の江戸暮らし』高牧實著　中央公論新社
『夢酔独言　他』勝小吉著　平凡社
『川路聖謨』川田貞夫著　吉川弘文館
『図説　伊勢神宮』松平乘昌編　河出書房新社
『春夏秋冬　江戸っ子の知恵』竹内誠著　小学館

『大江戸 テクノロジー事情』石川英輔著 講談社
『鬼平の給与明細』安藤優一郎著 ベスト新書
『大江戸えねるぎー事情』石川英輔著 講談社
『お江戸の意外な商売事情―リサイクル業からファストフードまで』中江克己著 ＰＨＰ文庫
『幕末単身赴任下級武士の食日記 増補版』青木直己著 ちくま文庫
『江戸で暮らす。四季の移ろい、人情、喜怒哀楽』丹野顯著 新人物往来社
『史料が語る 江戸の暮らし１２２話』日本風俗史学会編 つくばね舎
『実は科学的⁉ 江戸時代の生活百景』西田知己著 東京堂出版
『江戸物価事典』小野武雄編著 展望社
『大江戸番付づくし』石川英輔著 実業之日本社
『大江戸飼い鳥草紙 江戸のペットブーム』細川博昭著 吉川弘文館
『江戸の食文化 和食の発展とその背景』原田信男著 小学館
『江戸幕府役職集成』笹間良彦著 雄山閣
『シュリーマン旅行記 清国・日本』ハインリッヒ・シュリーマン著、石井和子訳 講談社学術文庫
『図解・江戸の暮らし事典』河合敦監修 学習研究社
『江戸時代 町人の生活』田村栄太郎著 雄山閣
『シリーズ藩物語 伊勢崎藩』栗原佳著 現代書館
『江戸の盛り場・考』竹内誠著 教育出版

『大いなる小屋　江戸歌舞伎の祝祭空間』服部幸雄著　講談社学術文庫
『大江戸ものしり図鑑』花咲一男著　主婦と生活社
『大江戸商売ばなし』興津要著　中央公論新社
『江戸食べ物誌』興津要著　朝日文庫
『江戸時代の身分願望　身上りと上下無し』深谷克己著　吉川弘文館
『江戸の食空間――屋台から日本料理へ』大久保洋子著　講談社学術文庫
『旗本御家人　驚きの幕臣社会の真実』氏家幹人著　洋泉社
『西遊草』清河八郎著　平凡社
『化粧ものがたり』高橋雅夫著　雄山閣出版
『幕末確定史料大成　桜田騒動記・官武通紀』玉虫左太夫著　日本シェル出版
『図説江戸　大名と旗本の暮らし』平井聖監修　学習研究社
『図説江戸　町屋と町人の暮らし』平井聖監修　学習研究社
『ビジュアルワイド　江戸時代館』竹内誠監修　小学館
『ビジュアル百科　江戸事情』ＮＨＫデータ情報部編　雄山閣
『歴史ＲＥＡＬ　大江戸侍入門』洋泉社
ほかにも多くの文献・史料、パンフレット、ホームページ等を参考にさせていただきました。

MdN新書
026

江戸《えど》のお勘定《かんじょう》

2021年8月11日　初版第1刷発行

監　修　大石《おおいし》　学《まなぶ》

執　筆　加唐亜紀

発行人　山口康夫

発　行　株式会社エムディエヌコーポレーション
〒101-0051　東京都千代田区神田神保町一丁目105番地
https://books.MdN.co.jp/

発　売　株式会社インプレス
〒101-0051　東京都千代田区神田神保町一丁目105番地

装丁者　前橋隆道

DTP　アルファヴィル

装画　吉田　健

印刷・製本　中央精版印刷株式会社

カスタマーセンター
万一、落丁・乱丁などがございましたら、送料小社負担にてお取り替えいたします。
お手数ですが、カスタマーセンターまでご返送ください。

落丁・乱丁本などのご返送先
〒101-0051　東京都千代田区神田神保町一丁目105番地
株式会社エムディエヌコーポレーション　カスタマーセンター　TEL：03-4334-2915

書店・販売店のご注文受付
株式会社インプレス　受注センター　TEL：048-449-8040／FAX：048-449-8041

内容に関するお問い合わせ先
株式会社エムディエヌコーポレーション　カスタマーセンターメール窓口 info@MdN.co.jp
本書の内容に関するご質問は、Eメールのみの受付となります。メールの件名は
「江戸のお勘定 質問係」としてください。電話やFAX、郵便でのご質問にはお答えできません。

Senior Editor 木村健一　Editor 松森敦史

ISBN978-4-295-20195-3　C0221